分解して整理する、

頭のいい人の思考法

仕事は「数式」で考える

ジャスティン森
博士（工学）

青春出版社

はじめに…
数式化するということは、
重要なものを残して、
それ以外を削ぎ落とすこと

　私は仕事において、何度も危機的な状況、ピンチ、修羅場、を経験しました。その時々で「**仕事の数式**」を使い、切り抜けてきました。

　その経験を基に、「仕事の数式」を使うメリット、実際に仕事で使える数式とその使い方、「仕事の数式」の作り方を紹介するために、この本を執筆しました。

　自分の考えを数式化するということは、端的に言うと「ムダを削ぎ落とす」ということです。**仕事で結果を出すために、重要な要素だけにフォーカスする。重要なことに注力するために、注力しないことを決めて取り除く。**

　言葉で言うのは簡単ですが、実際に自分が危機的な状況に陥ると周りが見えなくなり、その一方で情報が氾濫し、何をしたらよいのか自信が持てなくなります。そんな中で「仕事の数式」を使えば、仕事で結果を出しやすくなります。左辺を上げるために右辺の限られた要素に注力することで、左辺を上げやすくなるからです。

　私は現在、グローバルにビジネスを展開するメーカー企業で事業リーダーをしていますが、もともとはコンサルタ

ントとしてキャリアを積みました。当時も製造業関連のプロジェクトに多く関わっていました。

コンサルタント時代と現在の仕事を通じて、製造業の現場改善に関するトレーニングの講師を何度か務めました。トレーニング項目の中で私が好きなトピックの1つに、「5S」があります。日本語だと、整理、整頓、清掃、清潔、躾。英語だと、Sort、Set in order、Shine、Standardize、Sustain。現場を5S管理することは、製造業の基本だと言われています。

「5Sが重要」と言うと、「なぜそんなことをしないといけないのか。われわれは整頓や清掃をするために雇われているのではない」という反発を受けることがあります。

そんな時に私はいつも、

「5S管理は追加業務ではなく、あなた達の業務をやりやすくするためのツールですよ」

と説明しています。

より深く納得してもらうために、次の図を見せて「星は何個あるでしょうか？」と聞きます。

図を見せながら30秒待ちます。

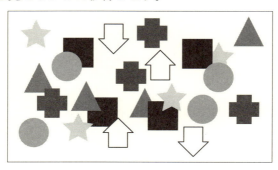

その後、次の図を見せて、同じ質問をします。
「星は何個あるでしょうか？」

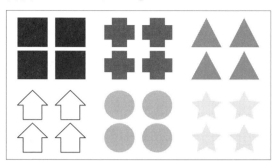

　５S管理をすることで、重要なものを見つけ把握し管理することが簡単になり、常に高いパフォーマンスで仕事をしやすくなり、結果を出しやすくなります。

　仕事で結果を出す上で、考えるべきことはいろいろあります。短時間で結果を出さなければならないような状況に置かれた時、プレッシャーもある中で、重要なことだけに集中するのは非常に難しいものです。
　必要な情報、必要でない情報、重要な指標、そうでもない指標、有用なアドバイス、あんまり関係ないアドバイス、情報が多すぎて五里霧中状態。そんな時に頭の中を数式を使って5Sしておくと、必要な情報をすばやく把握し、結果を出すために必要な活動に集中できます。

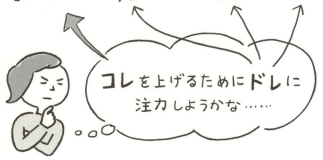

左辺にある仕事の結果・成果を上げるために、限られた項目の右辺の要素を上げたり下げたり最適化する。 要素同士の関係も四則演算でシンプルに表されているので、どの要素をどういう順番で最適化するべきか、考えなくてもわかる。チーム内のコミュニケーションも取りやすくなる。

数式を使って頭の中を5Sしましょう。

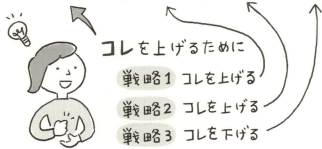

言語の壁も超えられる。
数式はグローバルで共通のツール

あたり前かもしれませんが、数学のルールは世界共通。四則演算も世界共通です。「÷」の記号が「／」だったり「：」だったりする場合もありますが、「割る」という概念は世界共通です。

自分の母国語ではない言語を使って、文章で自分の考えや概念を伝えるのはかなり大変です。一方で、数式なら簡単です。**要素を単語で書いて、要素間の関係は数式化すればいいので、世界中の誰でも瞬時に理解できます。**

＊

その年初めて雪が降った12月の寒い日でした。日本のクライアントとアメリカのクライアントが、新商品のコンセプトについてビデオ会議をしていました。私は日本のクライアントと同じ部屋で、コンサルタントとしてファシリテーターを務めていました。

私はかなりのピンチに追い込まれていました。

日本のクライアントとアメリカのクライアントが英語で議論しているのですが、まったくかみ合っていません。この会議で新商品のコンセプトを固めないと発売に間に合いません。しかも私はこの会議の直前に、生まれて初めてのギックリ腰をやってしまっていました（この日、急に寒くなったのが原因かもしれません）。

変な脂汗が出てきて、議論にぜんぜん集中できません。しかも早口の英語でのやりとり。言っていることを聞き取

れているかどうかもあやしい状態でした。その間も、クライアント同士がずっとかみ合わない議論をしています。

（ホワイトボードに議論をまとめればなんとかなるかもしれないけど、立ち上がれない…。このこじれた状態から英語の空中戦[*1]でファシリテーションするのは難易度が高すぎる…。そうだ！ 数式でまとめればいいんだ！）
　それから私は、新商品のコンセプトを成功させるための数式を作ってノートに書き、日本のクライアントにお願いしてホワイトボードに書いてビデオで共有してもらいました。

[新商品のコンセプトの成功度合い]＝
（ターゲットの顧客群が持つニーズへの理解の深さ）
✕（ニーズを満たす商品の完成度）
✕（ターゲット顧客群へのメッセージの届き具合）
÷（投入リソース）

（英語で）「これまで議論した内容は、すべてこの数式で整理できます。新商品を成功させるために、右辺の要素について１つずつ議論していきましょう！」
　その後１時間をかけて、なんとか新商品のコンセプトをまとめました。数式を使っていなかったら、とてもまとめられなかったと思います。

仕事の数式ライブラリを増やそう

　この本では、私が実際に仕事で使ってみて「役に立つ！」と感じた数式を、いくつか紹介していきます。

　紹介する数式は、ある現象が起きる要因項目の関係性を示したシンプルなものなので、数式を見ただけでは効用や使い方が想像つきにくいかもしれません。そのため、なるべく詳細な、目の前で数式を使っているところがイメージできるような、効用や使い方の具体例を提示しています。[*2]

　ただし、本書は、「この数式を使ったら仕事がうまくいくよ！」とお伝えするものではありません。私の経験では、世の中の環境や仕事をしている状況によって、使うべき数式は変わります。
「いつも常に使える数式」というのは、なかなか出合えません。そのような数式はむしろ「公式」です。公式は数が[*3]限られるので、おそらく他のビジネス書を探せば見つかると思います。

　「『数式』という概念を使って考えると、仕事がうまくいくよ！」というコンセプトを紹介する、これがこの本の目的です。

　仕事を進める上での考え方、重要な項目、それらの関係などを、その時の状況に応じて数式で整理して表すことで、もやもやが晴れ、結果を出せるようになります。[*4]

仕事で求められる結果を出すために必要な要素は、たいてい数式化できます。

　この本を読み終えた時、仕事に数式を使ってみよう、自分の数式を作ってみよう、という方がいたら、どんな数式を使っているのか、ぜひ私に教えてほしいです。仕事で結果を出すために使える数式のライブラリを、一緒に増やしていきましょう。

脚注：
＊1　**空中戦：**ホワイトボードや資料を使わず、口頭のみで議論することをこう呼んでいます。
＊2　**具体例：**この本で示している例はすべて、実際に私が見聞きしたものを基にしていますが、複数の事例をまぜたり、個人や企業が特定されないような配慮をしています。いわゆる、匿名掲示板でいう「フェイクあり」です。出てくる名前も、すべて仮名です。
＊3　**公式：**よく使う数式で、憶えておくとメリットがあるもの。似たような言葉に「方程式」があるが、これは未知数を表す文字を含む等式で、主に未知数を算出するために使う。「勝利の方程式」というのは、単に勝ちパターンを説明しているだけで未知数を含まないので、厳密には言葉の誤用にも思えます。でも響きがかっこいいので私は好きです。
＊4　**結果を出せるようになります：**この本では、「結果」の数値的インパクトなどの統計データは示していません。その意味で、「あなたの感想ですよね」状態です。「この本で書かれていることが絶対的に正しいから自分の仕事に取り入れよう」、ではなく、「こんな考え方の人もいるんだ。参考にしてみよう」と、エッセイ的に読んでいただけるとありがたいです。

仕事は「数式」で考える
――分解して整理する、頭のいい人の思考法――

Contents

Contents

はじめに…数式化するということは、
重要なものを残して、それ以外を削ぎ落とすこと 3

言語の壁も超えられる。
数式はグローバルで共通のツール 7

仕事の数式ライブラリを増やそう 9

第1章

仕事は「数式」で考えると、結果を出せる!

どんなに入り組んだ問題も、整理できる思考法

誰にでもある頭の中のモヤモヤ 22

紛糾した会議を、一瞬で建設的かつ
現実的な議論に変えたツール 22

東京大学の原子力博士から経営コンサルタント、
そして事業会社へ 25

仕事の進め方とインパクトが激変する!
［数式で考える5つのメリット］ 27

1 現状を瞬時に把握でき、要素ごとに現状確認と改善が行える 28
2 周囲に自分の考えを伝えやすく、情報共有や共同作業が容易になる 30
3「結果を出すために最も重要な要素」に絞って、検討できる 32

4 考えるステップや優先順位をわかった上で仕事を進められる 34

5 数式で示すことで、周りの人に「なんかすごい!」と思わせられる 36

「数式」といっても難しく考えなくてもOK!
使うのは基本的には四則演算のみ 38

些細な記述ミスで、資料の価値を「ゼロ」にした
苦い経験…。インパクトを掛け算で表現する例 40

交換法則が成り立たない場合も?
項目の順番が大切な例 46

自分独自の仕事の数式を作ろう! 50

行き詰まった時ほど数式で考えて、
違う見方をしてみよう! 50

第2章
他で頑張っても、
「ゼロ」を掛けたら結果はゼロ!
「掛け算系」の数式

2-1 プレゼンは話し方が9割、なのか?
—[プレゼンインパクト]の数式— 54

プレゼンが苦手だからこそ、プレゼン講師を引き受けてみた 55

13

「プレゼンインパクトの式」が、発展した 61

「プレゼンインパクトの式」が、さらに発展した 66

【プレゼンインパクトの数式の解説】............................ 68

2-2 8つ目の習慣：信用を計算してゲットする
**　　―［信用力］の数式―** 70

アルプス山脈のふもとで、信用力の式と出合う 72

信用されていないコンサルタントなんて、無用の長物 73

エクセルの神として生きる 77

チームはクライアントのために 79

アルプス山脈のふもとで、信用力の式を噛み締める 82

【信用力の数式の解説】... 84

2-3 なぜ交渉のエキスパートは「勝ちすぎない」のか
**　　―［交渉力］の数式―** 86

オリビアの視点：生まれて初めての大きな交渉 88

よい交渉とは何か？ 91

彼を知り己を知れば百戦殆からず 94

集めた情報を矛と盾に仕上げる 97

交渉術の達人は、交渉力が高いのか？ 101

BATNAは交渉の大事なり 104

カイルの視点：キャリアの危機 106

交渉力を上げる重要な5要素 108

とにかくBATNAが大切 109

【交渉力の数式の解説】 112

交渉術①ハイボール、ローボール...114　交渉術②良い警官／悪い警官...115　交渉術③会社の決まりなので...116　交渉術④刑事コロンボ／古畑任三郎...117

2-4 儲け続ける企業がやっている、ずるい経営術
―[企業が継続的に儲ける力]の数式― 118

企業が継続的に儲けることができるメカニズムってあるのだろうか？[企業の儲け力] 119

手数をいっぱい出して儲け続けている企業もある[企業の新規創造力] 126

一発屋にならず、ずっと儲け続けている企業は何が違うのか[ビジネスモデルの継続性] 131

【企業が継続的に儲ける力の数式の解説】 138

2-5 マ〇〇〇ゼー流、分析の極意
―[分析力]の数式― 140

そもそも、分析、とは何か？ 142

15

情報を集める前に、仮説を立てよう 145

情報は足で探せ、というのも悪くないアプローチ 147

情報を「軸」に沿って切り分けると、新しい洞察が得られる 151

【分析力の数式の解説】.................................156

第3章

「数学」では答えは同じでも、
「仕事」では順序が大切!
「順番系」の数式

3-1 時間と戦わなくても、時間は増やせる
　　 ―[時間管理]の数式―.................................160

典型的な仕事ができない人の考え方:積み上げ方式 161

仕事ができる人の考え方:バックキャスティング方式 163

並べ方が変わると考え方が変わる 169

【時間管理の数式の解説】.................................172

3-2 ビジネスエリートがネマワシをするワケ
　　 ―[ネマワシ効果]の数式―.................................174

ネマワシはグローバルで使えるビジネスツール? 176

16

ネマワシの効果を最大化させるには 183

ネマワシを、グローバル組織相手に使ってみた 187

【ネマワシ効果の数式の解説】..190

3-3 **朝イチにメールを確認するのはやめなさい**
　　　―[仕事の優先順位]の数式― 192

朝イチにメールを確認してはいけないのは、なぜか?.............193

そこに「志」はあるか?..197

【仕事の優先順位の数式の解説】...200

3-4 **お金を貯めるために、二流は節約する。**
　　　では、一流は?
　　　―[お金が貯まる人]の数式― 202

お金が貯まらない人の頭の中にある数式...........................203

お金が貯まる人の頭の中にある数式 206

【お金が貯まる人の数式の解説】...211

17

第4章
頭の中のフワフワした考えも、「数式化」すればスッキリ!
仕事の数式の作り方

4-1 他人の「仕事の数式」をパクる勇気
—あなたの「仕事の数式」を教えてください!— 214

仕事仲間の数式を、相手の頭の中から掘り出すには 215

採用エージェントの頭の中を数式化する 217

採用エージェントに助けられて転職に成功した話
～職務経歴書の書き方 222

転職に成功した話～最強の面接対策で、突破する 225

企業とのフィット感 227

【仕事仲間の頭の中にある数式を掘り出すステップ】...........229

4-2 自分で「仕事の数式」を創造する技術
—「仕事の数式」を作ってみよう!— 230

まずは数値系の数式で練習しよう! 231

なんでも数式に置き換えてみよう! プライベートや
趣味の分野でも、数式が世界を拡げてくれる? 243

【自分の考えを数式にするステップ】...........247

第5章
ご機嫌になる極意 〜おわりに〜

5-1 心を守って楽しく仕事するために
―［嫌なことを割り引く］数式― 250

上司を相対化して影響を調整する 251

相対化の極意を、さらに一般化する 253

【嫌なことを割り引く数式の解説】...255

企画・編集協力　糸井浩
本文デザイン　黒田志麻
イラスト　富永三紗子
校正　鷗来堂

第 1 章

仕事は
「数式」で考えると、
結果を出せる!

どんなに入り組んだ問題も、
整理できる思考法

誰にでもある頭の中のモヤモヤ

「会議でいろんな意見が活発に出るけど、建設的に合意に向かっている気がしない。かみ合ってない気がする」

「各部門がそれぞれの主張をしていて、議論がまとまらない」

「上司から今回もらったフィードバックの内容、前回もらったフィードバックとは違う視点だし、頭がこんがらがる」

「仕事をする上で大切なこと、全部を大切にしようとするとごちゃごちゃになっちゃって、結局何も大切にできなくなる」

「今回も仕事でミス…気をつけることが多すぎて、大事なことが埋もれて忘れてしまう」

「チームメンバーに仕事のやり方を教えた時、重要なことを4つに絞って伝えたのに、その4つがお互いに関係し合うから、結局チームメンバーを混乱させてしまった」

　なんとなく答えは見えているような気はするけど、散らかった作業机の上で仕事をしているような感覚、ありませんか？

紛糾した会議を、一瞬で建設的かつ現実的な議論に変えたツール

　私がある企業の新規工場建設プロジェクトを担当した時の話です。

　新規工場のレイアウトと導入する機械設備について議論するため、いろいろな部署の代表者が集まって議論してい

ました。主に関係するのは生産部、技術部、営業部、調達部、財務部で、それぞれの部署の言い分をぶつけ合っていました。

生産部：「新しい工場では、やはり品質を重視すべきだ。高品質になるような最新の精密機械を導入したい」

技術部：「新しい機械を導入すると、生産技術の開発が必要になって、予定通り生産が立ち上がらない可能性がある。できるかぎり、今使っているのと同じ機械を購入すべきだ」

営業部：「お客様からは、リードタイムの削減を強く言われている。新しい工場では、お客様からオーダーがあったらすぐに出荷できるように、在庫を溜めておけるスペースが必須だ」

調達部：「今はどの製造機械サプライヤーもキャパが逼迫している。予定通りの日程で新しい工場を立ち上げるために、納入時期に無理を聞いてもらえる既存サプライヤーに発注すべきだ」

財務部：「このプロジェクトの予算はすでに決まっている。投資金額を予算内に収めるために、機械はなるべく旧式のものにして、新しいサプライヤーも入れて競争見積りを導入すべきだ」

　議論はどんどん白熱していきました。

　私は「みんな言っていることはもっともだけど、着地点が見えないなぁ」とぼんやり考えていました。

　そこで誰かが急に、

「森さん、ぼーっと聞いてないで、議論をまとめてくださ

い！」

　と、白熱したエネルギーレベルのまま、矛先を私に向けてきました。その刺激を受けて、私の頭の中のもやもやが急に晴れて、1つの式が頭に浮かびました。

森：「みなさんは結局、『投資効率を上げる』という目的は共有していて、その方法論をいろいろ議論しているように聞こえました。とすると、議論の内容はこの数式で表せるんじゃないでしょうか」

　私は少し遠慮がちに、でも大胆に、ホワイトボードに大きく1つの数式を書きました。

$$
[\text{新規工場の投資効率}] = \frac{(\text{顧客への価値}) \times (\text{コスト削減})}{(\text{投資金額}) + (\text{運転資本})} \times (\text{成功確率})
$$

式を書いた後、解説を加えました。

森：「『新規工場の投資効率を上げたい』という目的意識が一致している中で、たとえば『製品コストは下がるけど、新規の生産技術開発が必要で成功率が下がるアイデア』や、『顧客への提供価値は上がるけど、生産時の運転資本が上がるアイデア』、『工場への投資金額は下がるけど、成功率が下がるアイデア』などが議論の中で出てきました」

　会議参加者は全員、真剣に私の話に耳を傾けています。

森:「ここで一旦、『新規工場の投資効率を上げるアイデア』をリスト化して、この数式のどの項目がどう変化するかを議論し、それぞれのアイデアを評価しませんか？」

　会議室の雰囲気が、急に変わりました。それまでいがみ合っているようにも見えた会議参加者のみなさんが、
「自分たちは共通の目標のために議論していたんだ。協力してこの数式の項目を議論しよう！」
　という前向きなモードになりました。
「仕事で数式を使うと、こんなに効果的なんだ！」と、衝撃的だったのを今でも憶えています。[*1]

東京大学の原子力博士から 経営コンサルタント、そして事業会社へ

　私は外資系コンサルティング会社でキャリアを積み、現在はグローバルに展開するメーカー企業で事業リーダーを務めています。その中で、「仕事に使える数式」をいつも活用しています。使っている数式の多くは、大学での研究者時代と、経営コンサルタント時代に学んだものが多いです。
　東京大学には、学部から大学院まで合計10年間在籍し、原子力発電の研究をしていました。新しいコンセプトの原子炉に使われるシステムに起きる、新しい現象の発見と原因解明がテーマでした。研究生活の中で、物理法則を表す多くの数式と出合っただけでなく、仕事の進め方のヒントになるような数式にも出合いました。

博士号をいただいた後、研究者の道には進まず、経営コンサルティング会社に就職しました。

　10年間在籍し、コンサルタントとして本当に多くのことを経験しました。自動車や半導体・電子機器などの製造業、製薬・医療機器、小売などの様々なグローバル企業の現場で改善から全社戦略まで、多くの機会をいただきました。

　お客様、クライアントへ少しでも大きな価値を提供できるように毎日必死にがんばる中で、効率的に仕事を進め結果を出すためのいろんな数式に出合い、活用してきました。

　現在の会社に転職し、コンサルタントから事業リーダーへと立場が変わっても、数式を仕事に活用しています。

「数式」という概念を使う5つのメリットや、どんな種類の数式があるのか、説明していきます。

仕事の進め方とインパクトが激変する！
［数式で考える5つのメリット］

1 現状を瞬時に把握でき、
要素ごとに現状確認と改善が行える

2 周囲に自分の考えを伝えやすく、
情報共有や共同作業が容易になる

3 「結果を出すために最も重要な要素」に
絞って、検討できる

4 考えるステップや優先順位を
わかった上で仕事を進められる

5 数式で示すことで、周囲の人に
「なんかすごい！」と思わせられる

第1章　仕事は「数式」で考えると、結果を出せる！

1

仕事の進め方とインパクトが激変する！［**数式で考える5つのメリット**］

現状を瞬時に把握でき、
要素ごとに現状確認と改善が行える

　仕事を進める上で、現在の状況を確認し、あるべき姿とのギャップを把握し、ギャップの原因を推定し、対策を立てて改善することは、基本的な動き方のひとつです。よく言われる「PDCAを回す」のも、まず最初に現状把握が必須です。

　現状把握に数式を使っていない人と使っている人を、例を挙げて比べてみましょう。

　食料品スーパーの売場リーダーが2人、現状把握をして対策を考えようとしています。

農産売場のリーダー：「えーっと、今日は売上が目標に行ってないな。午後におつとめ品を出して売上を上げよう」

水産売場のリーダー：「今日は売上が目標に行ってないな。お客様1人あたりの買上げ点数と単価は通常の平日通りだけど、急に雨が降って客数が減っているのが原因かな。夕方には雨が上がる予報だから、午前中に来店を控えていたお客様も夕方にいらっしゃるかもしれない」

　水産売場のリーダーは数式を使った現状把握を基に、対策を考えます。

水産売場のリーダー：「売上目標を達成するために、夕方

ピークに合わせて刺身盛り合わせを増やそうかな。通常夕方にいらっしゃるのは子育て世帯だけど、午前中のお客様の多くは高齢世帯。だから、雨で来店できなかった午前中のお客様が夕方にいらっしゃることを想定して、刺身盛り合わせは大皿だけでなく2名用の小皿も用意しよう」

　どちらが「仕事ができる人」でしょうか？
　農産売場のリーダーは、売上が少ない、という現象から、すぐに対策を考えようとしています。一方で、水産売場のリーダーの頭の中には、「**(売上) = (客数) × (買上げ点数) × (1点単価)**」という数式があり、その数式の項目ごとに現状把握をしています。
　さらに、(客数)については時間帯ごとに分解して把握しているようです（下図）。
　現状把握をする上で、ばくっと全体像を捉えることはもちろん重要です。その上で、適切な粒度に分解することで何が起きているかをより構造的に把握しやすく、起きていることの原因の当たりをつけやすく（仮説を立てやすく）なります。**分解した各項目の関係性を示すのが「数式」です。**

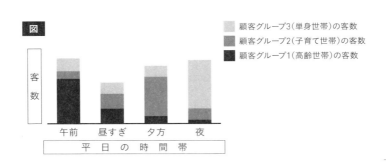

仕事の進め方とインパクトが激変する！［数式で考える5つのメリット］

2 周囲に自分の考えを伝えやすく、情報共有や共同作業が容易になる

　農産売場のリーダーが、水産売場のリーダーに相談しています。

農産売場のリーダー：「売上の現状把握がなってない、って上司に怒られちゃった。水産売場のリーダーを見習えって。どうやって売上の分析をしているか、教えてください」

水産売場のリーダーの答え‐パターンＡ：

「上司に怒られたんですか。災難でしたね。まず重要なのは、お客様の数ですよね。いっぱいお客様がいらっしゃると活気が出て、こちらもやる気が高まります。次に、買上げ点数。ついで買いをしていただくために、オススメのPOPに力を入れるのもいいと思います。あとは、１点単価を上げるために、農産だとカットフルーツがいいんじゃないですか？

　でも、時間帯で客数は変動するし、世帯構成によって点数も単価も変わりますから、いろいろ難しいですよね」

水産売場のリーダーの答え‐パターンＢ：

　ホワイトボードに以下の式を書く。

30

> [売上] = (客数) × (買上げ点数) × (1点単価)

「これの時間ごと、顧客グループ（セグメント）ごとの変動を把握します。その上で、対策を打ちます」

「一緒に働く職場の同僚としてどっちがいいヤツか」はさて置き、パターンBのほうが圧倒的にわかりやすいのではないでしょうか。チームで議論する時にも、この数式を示した上で、「今日は買上げ点数を上げる施策を議論しよう」と伝えると、**共同作業がしやすく**なります。

この例では「売上」を取り上げているので数式は単純ですが、「粗利」や「総利益」となると引き算や割り算も入ってきてどんどん複雑になり、言葉だけで伝えるのが難しくなります。

仕事の進め方とインパクトが激変する！［数式で考える5つのメリット］

3

「結果を出すために最も重要な要素」に絞って、検討できる

　　水産売場のチーム内で、売上を伸ばすための施策を議論しています。

パートさんA：「来店されるお客様のうち、水産売場に立ち寄らない方がけっこういるような気がするわ」

パートさんB：「確かに、農産売場からグロッサリー売場、お惣菜売場、と行ってしまう方が多くて、先週やったレシピ提案の施策もうまく訴求できなかったかもしれません」

水産売場のリーダー：「式を少し変形してみましょうか」

[売上] ＝（客数）✕（買上げ点数）✕（1点単価）

[売上] ＝（来店客数）✕（水産売場への来訪率）
　　　　　　✕（買上げ点数）✕（1点単価）

水産売場のリーダー：「来店客数を水産売場だけの施策で上げるのは難しいので、お店にいらっしゃったお客様のうち水産売場へ立ち寄ってもらえる率（水産売場への来訪率）、に絞って施策を議論しましょうか」

パートさんC：「対面売場の活気を上げるために、声を出してお客様を呼び込むのはどうでしょうか」

パートさんD：「試食販売も同時にやったら、さらに活気が出そうです」

　[売上]を構成する**要素を分解して数式化**することで、チーム内での**議論が重要な要素に絞って効率的に行うこと**ができているようです。

仕事の進め方とインパクトが激変する！ ［数式で考える5つのメリット］

4 考えるステップや優先順位を
わかった上で仕事を進められる

　水産売場に新入社員が配属されてきました。

新入社員：「（売上）を、（1点単価）×（買上げ点数）×（客数）で数式化して考えることは理解しました。チラシとかキャンペーンとかPOPとかは、それぞれを向上させる施策なんですね」

水産売場のリーダー：「お、なかなか飲み込みが早いね。ただ実は、式の順番が大切で、

　　［売上］＝（客数）×（買上げ点数）×（1点単価）

なんです」

新入社員：「えっと、掛け算なんで、項目の順番を入れ替えても答えは同じなのでは…？」

水産売場のリーダー：「確かに、掛け算の交換法則があるので、数値としては同じです。でも仕事を進める上で、考える順番というか、心を配る比率が異なります」

　水産売場のリーダーは、新入社員に丁寧に、なぜこの順番で考える必要があるのかを説明しました。

　［売上］向上を考える上で、まず最初に考えるべき項目は必ず（客数）。いかに多くのお客様に来店いただくか、売場に来ていただくかが最重要であること。

34

次に(買上げ点数)。つまり、お客様の食卓により多くの貢献をするということ。

　そして(1点単価)。お客様のハレの場面(おめでたいことがあったり、自分へのご褒美であったり、食費を奮発しよう！ となる場合のこと)を彩る、ちょっとした贅沢を提供するということ。

　この優先順位で考えることが、売場のリーダーとして重要であることを説明しました。

　新入社員は、売上という結果を出すために**考えるステップと優先順位**を、数式を使って学ぶことができました。

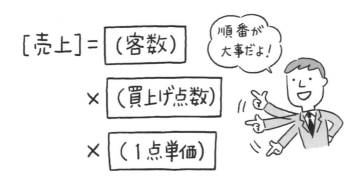

仕事の進め方とインパクトが激変する！［数式で考える5つのメリット］

数式で示すことで、周りの人に「なんかすごい！」と思わせられる

　スーパーの本社が、コンサルティング会社と契約したようです。ある日、水産売場に若いコンサルタントがやって来て、売上向上の施策を議論しよう、ということになりました。

若いコンサルタント：「近隣住民からのウォレットシェアを向上させる必要がありますね」

水産売場のリーダー：「ウォレットシェアを数式で定義した上で、［売上］＝（客数）×（買上げ点数）×（1点単価）の式に当てはめるとどうなりますか？」

若いコンサルタント：「え？　数式？　えーっと、ウォレットシェアは、消費総額においてこの店舗で使った分の比率で…（タジタジ）」

水産売場のリーダー：「ウォレットシェア、と一口に言っても、お客様が競合店ではなく当店に来てくださる来店シェアのこととか、たとえば刺身盛り合わせを競合店ではなく当店で買ってくださるカテゴリシェアのこととか、今日は鶏肉じゃなくて魚にしよってこととか、今日は切り身じゃなくて刺し身にしよってなって単価が上がってウォレットシェアが上がることとか、もっと言えば、レシピ動画がバズって娯楽として旅行じゃなくて料理しようってこととか、い

ろいろあるじゃないですか。それぞれの話を［売上］=（客数）×（買上げ点数）×（1点単価）の式に当てはめると、こうなります」

　水産売場のリーダーはホワイトボードに［売上］の数式を書いた上で、ウォレットシェアを上げるためのアイデアを数式の項目に当てはめていきました。

若いコンサルタント：（このリーダー、切れるなぁ。こちらも時間を使ってしっかり貢献しないと。）[*2]

　特に、**定義があいまいな数値や、抽象的な概念を数式化すると、私の経験上「なんかすごい！」と思ってもらえる可能性が高い**です。

　先程お伝えした「［新規工場の投資効率］の数式」（P.24）のケースも、数式そのものとしての有用性というよりは、白熱した議論をしていた人々が数式を見せられてちょっと気圧されたハッタリ効果（？）がけっこうあったと考えています。「なんかすごい！」という印象は、特に意味がない場面も多いですが、うまく使えばコミュニケーションを容易にし、仕事をやりやすくできます。

「数式」といっても難しく考えなくてもOK！
使うのは基本的には四則演算のみ

「仕事に数式を使う」と聞いて、「なんか難しそう」と思う方もいるかもしれません。

確かに、確率統計や物理化学の法則をお仕事で扱う方々は、複雑な数式を駆使して業務を遂行されていることでしょう。ただ私がここで紹介しているのは、「仕事を進める上での考え方、重要な項目、それらの関係などを、その時の状況に応じて数式で整理して表す考え方」です。そのため、**使う計算は基本的には四則演算（「足し算」「引き算」「掛け算」「割り算」）のみです。**

私が仕事で使っている数式は、だいたいこのような構造になっています。

（左辺）：仕事において達成させたいもの
　　　　　（例：プレゼンインパクト）

　　　　　or

　　　　　向上させたいもの
　　　　　（例：信用力）

（右辺）：左辺を達成・向上させる上で重要な項目を並べる

たとえば、公式では、
［三角形の面積］＝（底辺の長さ）×（高さ）÷ 2
　とか、

$$E（運動エネルギー）= \frac{1}{2}mv^2$$

とか、

求めたいものを左辺に置く場合が多いです。

この本でも同様に各項で議論したい・紹介したいものが、左辺に書いてあります。

なお、数学的な厳密さよりも、感覚、フィーリングで数式を作ったほうが、仕事で使いやすいし、説明もしやすいです。

私が仕事で使っている数式は、大きく分けて2つの種類があります。

［掛け算系］：右辺が基本的に掛け算と割り算から成る数式

どの項目も大切で、どれか1つでもゼロになった（割り算の場合は、項目が大きくなったら）、求める左辺がゼロ（非常に小さく）なってしまうようなもの。　　　**例:［分析力］**

［順番系］：右辺の項目の順番が大切な数式

数学的には右辺の項目の順番を入れ替えても左辺の数値は変わらないが、仕事をする上では考える順番が大切な場合に使う。足し算・引き算系のものが多いが、順番系で、かつ掛け算系の数式もある。　　　**例:［仕事の優先順位］**

掛け算系、順番系、それぞれどのような数式なのか、簡単に説明します。

些細な記述ミスで、
資料の価値を「ゼロ」にした苦い経験…。
インパクトを掛け算で表現する例

　掛け算系の数式の効果を、私が骨身にしみて実感した経験を紹介します。

　それは私がコンサルタント2年目で、企業買収のために買収検討対象の企業価値を算定するプロジェクトに入っている時でした。

　企業買収は時には何千億円、何兆円という金額が動くこともあり、企業価値算定には細心の注意を払う必要があります。私は工学系の博士号を持っていて数字に強いと思われており、そのプロジェクトのメンバーに選抜されたのです。

　6週間のハードなプロジェクトの最後の週。

　それまでに企業価値を算定する分析をいくつも行い、クライアントチームとも分析内容や算定結果を合意しました。

　クライアント企業のトップマネージメントへ算定結果と根拠を報告する最終ステコミ（ステアリング・コミッティ・ミーティングの略。意思決定をする最高位の会議のこと。クライアント企業の偉い人たちが集まります）の直前に、その事件は起きました。

　最終報告資料には補足資料が添付されており、その補足資料の中に算定の前提となる変数のリストが書かれていました。ステコミまであと2時間。チーム内で報告資料のレビューが完了し、予定していたプレゼンリハーサルまで小

休憩をしていた時でした。万全を期すために、私は自分が担当した補足資料を最終確認していました。

そこで見つけてしまったのです。前提となる**変数リストの中の１つの数字のゼロが多く、桁が間違っていたことを**。私は冷や汗がどっと出ました。この数値が間違っていると、企業価値の算定結果が大きく影響を受ける可能性があったのです。

私は深呼吸をしながら、この間違いがどの程度の影響なのかを確認しようとしました。算定に使ったエクセルシートを開いて、桁を間違えた変数のセルをドキドキしながら確認しました。すると、セルの中の数値は正しい数値が入力されていました。

森：「ふー、あせった。計算は正しくて、パワポに数値を転記する時に間違えただけかぁ。算定結果には影響ないな。試しにこの数字を一桁増やすと…。やっぱり算定結果が大きく変わる。危なかった。いや、エクセルの数値は間違ってないんだから、危なくはないか」

念のため、資料中の他の数値が間違っていないか確かめたところ、他に間違いはないようでした。

私はほっと胸をなでおろしました。

ただ、算定結果は問題ないのですが、資料の数値は間違っています。その当時は資料を紙に印刷し、簡易製本して台紙もつけるのが一般的でした。その時はすでに、ステコミの参加人数分の20部以上、100ページを超える資料を印刷し、製本し終わっている状態でした。

私はいくつかの対策案を考えました。

----

a) 補足資料の数値が間違っているページを修正して印刷し、簡易製本をバラして該当ページを差し替え、製本し直す。

b) 補足資料の数値が間違っている箇所にボールペンで二重線を引き、正しい数値を手で書き込む。

c) 数値が間違っている箇所は資料本編ではなく補足資料だし、算定結果は合っているのだから、修正しない。この数値について質問されたら、算定エクセルには正しい数値が入力されていて問題ないことを伝える。

森:「本番まで時間がないし、リハーサルもしないといけないから、aはないな。bも手間がかかるし、手書きだから『間違えてました』ってことが目立つな。算定結果に問題はないんだから、cかな」

　私は、このプロジェクトのマネージャーに、補足資料の数字の1つが間違っていることの報告と、その対策案の相談に行きました。

森:「…ということで、対策はc案がいいと思うのですが、どうでしょうか」

マネージャー:「森さん、このプロジェクトは、クライアントが社運をかけて海外企業を買収して事業を大きく成長させていこう、という非常に重要なものです。その企業買収において、企業価値の算定はまさにカナメ。該当企業を買収すべきかどうか、買収時の金額はどうするか、買収の

契約条件をどうするか、買収後の投資回収計画をどうするか、すべてに関わってきます」

　マネージャーはこの後のステコミで、中心になって発表する人です。リハーサルもしないといけません。あと1時間でステコミが始まります。そんな緊迫した場面にもかかわらず、ゆっくり丁寧に説明してくれました。

マネージャー：「その企業価値算定で、紙の資料の中だけとはいえ数値が間違っていて、さらにそれを知っていて修正しないようなコンサルタントを、もし森さんがクライアントだったら信用できますか？　そして、そんなコンサルタントが算定した企業価値金額を、重要プロジェクトに使いたいと思いますか？」

森：「確かに、マネージャーの言う通りです。ただ時間もないので、b案でしょうか？」

マネージャー：「b案だと、明らかにやっつけ仕事で、直前に間違いを見つけて修正しました、と言っているようなものですね。他にも間違いがあるのではないか、という不安を与えてしまいます」

森：「他の数値は見直しましたが、間違いはありません。そもそも、間違っていた数値もエクセルの中では合っていたので、算定結果には影響しませんよ」

　マネージャーは真剣なまなざしで、私を見つめながら言いました。

マネージャー：「あのね森さん、コンサルタントがクライアントに提供する価値は、**掛け算**で決まるんですよ」

森：「はぁ…（掛け算？　どういうことだろう）」

ステコミ本番が直前に迫り、資料も直さないといけない状況でしたが、マネージャーは私に熱く語ってくれました。

　コンサルタントがクライアントに提供する価値を決める要素はいくつもありますが、それらの要素のうち１つでもクオリティが低いと、提供価値は台無しになってしまいます。提供する価値を決める要素は、たとえばクライアントのニーズをどこまで把握してプロジェクトを設計するか、どのような最終成果にまとめるか、プロジェクトの途中でどのようにコミュニケーションするか、最終ステコミでどのような内容を報告し、どのような議論をし、どのような意思決定をするか、などがあります。

　今回の場合、最終ステコミの資料の中に他にも間違いがあるかもしれないという印象を与えてしまうことは、提供価値をダメにしてしまうのに十分なものでした。

　マネージャーはたとえ話を使ってわかりやすく説明してくれました。

　大切な人と高級フレンチに行ったとします。料理はもちろん、ワインも、店内の内装や雰囲気も、お店の従業員の対応も、すべてが完璧で大満足。でも、会計が終わって帰ろうとした時に厨房からネズミが飛び出してきたら？

　料理も雰囲気も良かったから、衛生状態が悪くてもまぁいっか、とはなりません。ぜんぶ台無し。最悪です。

　高級フレンチの提供価値は、掛け算で決まっているのです。衛生、という要素がゼロだったら、他の要素がどんな

に素晴らしくても、提供価値はゼロになってしまいます。

マネージャー：「コンサルタントは、すべての要素において完璧を目指さないといけないのです。われわれのチームは、隅々まで注意を払って企業価値算定をしました。森さんが資料の間違いに気づき、算定エクセルを確認し、他の間違いがないか確認してくれたことは非常に価値があることです。だから、最後まで完璧を目指しましょう!」

　その後、チームメンバー全員で急いでa案を実行しました。
*3

　最終ステコミは成功し、クライアントのチームメンバーからも、トップマネージメントからも、何度も感謝されました。クライアントへ大きな価値を提供できたようです。私もコンサルタントとして大きく成長できたプロジェクトでした。

　クライアントに提供する価値は要素の掛け算によって決まる、ということは、私にとって大きな学びでした。そしてこれをさらに一般化して、仕事に数式的な考え方がもっと使えるんじゃないか、ということに気づいたことも大きな収穫でした。このプロジェクト以降、仕事で使えるいろんな数式を探していくことになりました。

───────────────────

⮕本書の第２章では、私が実際に仕事で活用している掛け算系の数式を、具体例とともに紹介します

───────────────────

交換法則が成り立たない場合も？
項目の順番が大切な例

　仕事の式の中には、項目の順番が重要なものがあります。私はこのような式を、**順番系**、と呼んでいます。

　式に使うのは基本的に四則演算なので、順番を入れ替えても数学的には同じ数値になります。しかし、項目の順番を意識して数式を使うことで、仕事のインパクトに直結する場合があるのです。

「数式で考える５つのメリット」で出てきた水産売場のリーダー（以下、水産リーダー）に、なぜ、「（客数）×（買上げ点数）×（１点単価）」、の順番にこだわるようになったのか、経緯を聞いてみました。

森：「最終的な計算数値は全く同じになるのに、どうして順番にこだわるようになったのですか？」

水産リーダー：「実は、私も新入社員のころは、（買上げ点数）×（１点単価）×（客数）、とか、（客数）×（１点単価）×（買上げ点数）、とか、数式を使うたび項目の順番がバラバラでした」

森：「新入社員のときは順番を意識していなかったんですね」

水産リーダー：「そうなんです。私が入社して２年目になろうというタイミングでした。『行楽シーズンでいかに（買上げ点数）を増やすか』、というアイデア出しを、水産売場チームで議論する機会がありました。その時に、私が数式の項目の順番をいいかげんに考えていたことが先輩社員

にバレて、情熱的な指導をいただいたことがあります」

　当時、新入社員だった水産リーダーは、ホワイトボードに以下の式を書いて、議論を進めようとしました。

> [売上]＝(買上げ点数)✕(1点単価)✕(客数)

当時の水産リーダー:「今日は(買上げ点数)向上施策を議論します。もうすぐ陽気も良くなって行楽シーズンが始まる中で、どのようにお客様に『もう一品』を買っていただくか、議論しましょう」
先輩社員:「ちょい待てい。その[売上]の数式はなんじゃ?」
当時の水産リーダー:「[売上]を構成する項目を分解した数式ですが…。研修で習いました」
先輩社員:「研修で習ったのは、その式ではないぞ。[売上]の数式はこうじゃ」

　先輩社員は赤ペンで大きく、ホワイトボードに以下の式を書きました。

> [売上]＝(客数)✕(買上げ点数)✕(1点単価)

先輩社員:「どんな時でも、[売上]の数式の最初は必ず、か・な・ら・ず、(客数)じゃ!」
当時の水産リーダー:「ご指導、ありがとうございます。これは反論ではなくて私の理解のために聞くのですが、(買上げ点数)✕(1点単価)✕(客数)、でも、(客数)✕(買

上げ点数）×（1点単価）でも、計算結果は同じです。なのにどうして、最初の項目は必ず（客数）なんですか？」
先輩社員：「なかなかいい質問じゃ。わからないことがあったら、すぐに聞くのは良い習慣だぞ。では説明する」

　その先輩社員から受けた説明はこのような内容でした。
　小売業にとっての第一優先は、いかに多くのお客様に売場に来ていただくか、です。これはリアル店舗でもネットでも同じです。客数を上げることは、超高級ブランドでもない限り、必ず最優先になります。少しでも多くのお客様に自分たちの店舗が貢献したい、という強い想いがあるからです。また、繁盛しているお店にいらっしゃったお客様は、買上げ点数も1点単価も上がる傾向があるようです。

　次に、買上げ点数です。お客様の食卓を、自分たちの店舗の商品で、なるべく多く彩りたいからです。より多くの点数を買っていただくということは、そのお客様の食卓に自分たちの商品が並ぶ機会が多くなり、お客様の食生活により貢献できている、ということになります。

　最後に、1点単価です。お客様が普段の買い物とは別に、ちょっと贅沢してみよう、と思った時に、自分たちの店舗がどう貢献できるか、という項目です。普段と違った特別な日、ハレの日に、普段は買わない高級魚や刺し身などの店内調理品の購入を考えるとき、デパートや専門店ではなく自分たちの店舗が候補に上がるかどうか。これはお客様

に対する普段のコミュニケーションが影響してきます。

　水産リーダーが勤めるスーパーでは、この順に重要、ということでした。

先輩社員：「もちろん、優先順位は売場のコンセプトやブランドによって違ってくるが、われわれの売場では必ず、か・な・ら・ず、［売上］＝（客数）×（買上げ点数）×（1点単価）で考えるのじゃ！」

当時の水産リーダー：「ありがとうございます！ 大変、勉強になりました！」

森：「水産リーダーも、最初から超優秀リーダーだったわけではなかったんですね」

現在の水産リーダー：「超優秀リーダーだなんて…。私が数式を使って今のような考え方ができるようになったのは、いろんな方のご指導のおかげです。だから、他のチームメンバーに数式を使った考え方を伝えるのは、私の責務だと思っています」

●**本書の第3章では、私が実際に仕事で使っている順番系の数式を、具体例とともに紹介します**

自分独自の仕事の数式を作ろう!

「仕事で結果を出すために数式を使う」というと、何か特別なことのように感じる人もいるかもしれません。でも実は、私の周りの人の中で、仕事で常に結果・インパクトを出している人、仕事に必要な能力を磨き向上させ続けている人、仕事ができる人、の多くは、意識的に、もしくは無意識のうちに、数式を使っています。

数式で考えるためには、**数式の左辺にあたる仕事の結果や能力など、何に注力したいか、という集中力が必要**です。また、**数式の右辺にあたる重要な構成要素を、分解した上で取捨選択する選択力も不可欠**です。

仕事で結果を出す人は、自分の行動様式の集中と選択を行った上で、考え方を整理して、行動しています。そうすることで迷いが減り、仕事に自分やチームの力を100%注げるので、結果を出しやすくなるのではないかと私は考えています。

➡ 本書の第4章では、できる仕事仲間の頭の中にある数式を取り出す方法、自分独自の仕事の数式を作る方法、を紹介します

行き詰まった時ほど数式で考えて、
違う見方をしてみよう!

私の見た目や普段の態度、経歴などから、

「森さん、仕事であんまり悩んだことないでしょ。いつも自信満々で正しい答えが見えている雰囲気だから」

と、言われることが時々あります。

でも実際には、頭の中でいろいろ悩み、目的地が見えない霧の中でさまよっていることも多いです。そんな時に状況を整理し、仕事の結果に集中するために、私は数式を使ってきました。

この章の最初のほうで書いたように、この本は仕事がうまくいくようになる魔法の数式を紹介するものではありません。この本の目的は、「数式」という概念を仕事に取り入れると、仕事で常に結果を出す、できる人に近づける、という考え方を紹介するものです。

「数式」という、人によってはとっつきにくい概念を身近に感じて簡単に理解していただくために、なるべく多く、詳細な事例を用意しました。ぜひ楽しんで読んでいただければ幸いです。

第1章　仕事は「数式」で考えると、結果を出せる！

脚注：
＊1　**今でも憶えています**：この数式は「新規工場の投資効率を上げるための一般的な式」ではありません。私が体験したこの場面において通用する式（つまり「新規工場の投資効率を上げるための、この場合での近似式」というニュアンス）です。

＊2　**しっかり貢献しないと**：多くのコンサルタントが、クライアントに対してたくさん時間を使って必死に貢献しようと心底思って仕事しています。だから、あんまりイジメないでね。

＊3　**a案を実行しました**：いま振り返ってみると、このa案が常に正しいかどうかは迷うところです。資源の無駄使いのようにも思えますし、クライアントは資料印刷にコンサルティングフィー（支払う料金）を払っているのではなく提案内容に時間を使ってほしいはずとも思えます。この時の状況やクライアントとの関係から、マネージャーとチームはa案が最適と判断しました。

第 2 章

他で頑張っても、
「ゼロ」を掛けたら
結果はゼロ！

「掛け算系」の数式

II

プレゼンは話し方が9割、なのか？――［プレゼンインパクト］の数式

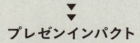

ここで紹介する数式の左辺
▼
プレゼンインパクト

プレゼン後、プレゼンを聞いた人に、どれぐらい新しい行動を起こしてもらえたか。たとえば、提案を承認してもらえたか、新しいアイデアを出してもらえたか、モノを買ってもらえたか、など

　この本を読んでいただいているみなさんは、ビジネスプレゼン（ビジネス目的で実施されるプレゼンテーション）、得意ですか？

「自分の考えをなかなかうまく説明できなくて…。会話をしてると説明できるのですが、プレゼンとなると苦手意識があります」

「プレゼンする内容をいろいろ作り込んでも、いざプレゼンをするとなると緊張してしまいます。アイコンタクトをしないと、だとか、抑揚をつけて話さないと、とか、気をつけることがいっぱいあって、さらにテンパってしまいます」

「どんなにプレゼンを練習しても、プレゼン相手がなか

なか反応してくれなくて。伝わっているのかどうかわからず、そうなると焦ってしまって早口になって、余計に伝わらないことがよくあります」

「いいプレゼンをしても、相手の理解力が高くなかったり、最初から聞く気がなかったりして、うまくいかないこともありますよね。だから、何をがんばったらいいのやら…」

*

ビジネスで成果を出すために、プレゼンのスキルを向上させることは必要不可欠です。

でも、そもそも、なぜプレゼンをする必要があるのでしょうか？ プレゼンをして達成したいこと、プレゼンの目的って何でしょうか？

そして、プレゼンの目的を考慮した時、プレゼンの結果、プレゼンのインパクトを最大化させるにはどうすればよいでしょうか？

プレゼンが苦手だからこそ、
プレゼン講師を引き受けてみた

私は、プレゼンが苦手でした。今でもそんなに上手ではありません。トレーニングすることで、だいぶマシになってきてはいますが。

最初にプレゼンが苦手だと気づいたのは、コンサルタントになって３か月目、最初のプロジェクトに配属され、コンサルタントチーム内で朝礼を行っていた時でした。

その時のチームリーダーは秋山さん。私と同じ理系バックグラウンドを持つ人でした。

森：「…ということで、必要なデータが集まっていないので、この分析はまだできていません」
秋山さん：「それで？」
森：「データが集まり次第、分析を行います」
秋山さん：「それで？」
森：（また、それで？？？ 明石家さんまかな？ 朝礼で状況を報告しているだけなんだけどな…。何を言えばいいんだろう？）
秋山さん：「森さん、この朝礼は情報共有だけでなく、プレゼンの練習も目的にしています。状況報告するだけではなく、ビジネスプレゼンだと考えて問題解決をしてください。学術学会で成果発表をしてるんじゃないんだから」

　大学や研究機関での学術研究の仕事と、ビジネスの仕事とは、共通点も多いです。ただ、いくつか大きく異なる点があります。私が最初に学んだ異なる点が、プレゼンの目的の違いでした。

● **学術研究でのプレゼンの目的**：研究成果を伝える。何をやったか、どんな発見があったか、なるべく正確に、世の中の人々に伝える。伝えることそのものが目的。
● **ビジネスでのプレゼンの目的**：物事を前に進める。プレ

ゼンを受ける人に、プレゼン後に新しい行動を起こしてもらう。たとえば、提案を承認してもらう、新しいアイデアを出してもらう、モノを買ってもらう、など。

この場面で秋山さんが期待していた朝礼プレゼンでの問題解決とは、「森が、朝礼に参加している他のコンサルタントもうまく活用して、『分析ができない』という問題を解決する」というものでした。

考えられる問題解決の方法はいろいろあります。

「このデータ、どうやって集めたらいいですか？　集めたことありますか？」

「このデータ、クライアントが持っているのですが、忙しいようでなかなか準備する時間がとれないようです。秋山さんからも先方の部長へお願いしてもらえますか？」

「このデータ、明日には入手できそうなので、分析の締め切りを明後日に伸ばせますか？」

「データが手に入らないことを想定して、この分析が無くても当初考えていた提案の説得力を維持するには、どうしたらいいでしょうか？」

…など、この時から、私が問題解決のためにプレゼンを使う場合は、プレゼンを受ける人へ質問やお願い、提案をするようにしました。

学術研究のプレゼンを学会でしていたころは、プレゼンを受ける人への質問やお願いなんて、私はしたことがありませんでした（学会で質問やお願いをしている人を見たことはありましたが）。

それからしばらくして、コンサルタント同士でのプレゼンはある程度できるようになりました。でも、クライアント向けのプレゼンはまだ苦手でした。プレゼンを受けた人に新しい行動を起こしてもらう、ということが、なかなかできなかったのです。

　プレゼンの内容はチーム内で議論して決めたものなので、問題なさそうでした。私のプレゼンの方法、つまり私のプレゼンスキルが足りないことが課題であることが明白でした。

　秋山さんが、以下の式をホワイトボードに書きました。

［プレゼンインパクト］＝
（プレゼン内容）✖（プレゼンスキル）

秋山さん：「どんなにプレゼン内容が良くても、プレゼンスキルがなければ、インパクトを得られません。プレゼン内容と同じぐらい、プレゼンスキルも重要です」

　ここで言う**プレゼンインパクトとは、プレゼンを行った結果得られるもの**。つまり、プレゼンの受け手が、発表者が期待した通りの次の行動を起こすこと、です。

　秋山さんの提案で、私のプレゼンスキル特訓が始まりました。

　私が短い模擬プレゼンをして、それをビデオに撮りました。そのビデオを見返しながら、秋山さんや他のチームメンバーが気づいたことを私にフィードバック（相手

の行動に対して良い点や改善点を伝え、改良を促すこと）してくれました。ビジネスでのプレゼンの目的を理解した上で私のプレゼンビデオを見ると、改善点がたくさん見つかりました。よく言えば、私のプレゼンには伸びしろがいっぱいあったのでした。

「えー、とか、あー、とかが多すぎて、内容が入ってこない」
「早口すぎて、初めて内容を聞いた人はついていけない」
「レーザーポインターを早く動かしすぎ。かえって見づらい」
「ずっとスクリーンを見てしゃべってる。オーディエンス（プレゼンの受け手）を見る。アイコンタクトをする。相手の反応を見て、理解してもらってなさそうならもう一度説明するとか、対応する」
「最初から最後まで、ずっと同じペース、同じトーン、同じボリュームで話している。どこが重要なのかわかりづらい。途中で眠くなる」
「ふんぞり返って説明しているから、感じ悪い。そんな態度で提案されても、内容が正しければ正しいほど、逆になんかムカつく」

　それぞれ基本的なことで「言われなくてもわかってるよ！」と言いたいところですが、私のプレゼンビデオを見ながら言われるので、ぐうの音も出ません。私から見ても、全部、その通りでしたから。

第2章　他で頑張っても、「ゼロ」を掛けたら結果はゼロ！

59

このプレゼン・ビデオ・フィードバック・セッション
は、フィードバックを受ける方だけでなく、フィードバ
ックを与える方も、かなり精神的なスタミナを使います。
それでも、秋山さんを含めチームメンバーに恵まれた私
は、何度もビデオを撮り、見返しました。

改善した模擬プレゼンをやって、またビデオに撮って、
というのを繰り返すうちに、だんだんとプレゼンスキル
を身につけていったのです。

時が経ち、コンサルタントになって7年目。私はマネ
ージャーになっていました。

ちょうどその頃、人事部門が探していたのが、若手コ
ンサルタント向けのプレゼンスキル研修を設計し実施す
る責任者。それまでは、2年目のコンサルタントを対象
に、比較的オーソドックスなプレゼンスキル研修をして
いましたが、研修受講者の意見を反映して、もっと実践
的な、クライアントワークに直結する研修に作り変えて
いる最中でした。

私はプレゼンスキルの向上にだいぶ苦労しました。そ
の苦労の経験が研修の設計と講師役に役立つかもしれな
い。例のプレゼン・ビデオ・フィードバック・セッショ
ンをうまく使えるかもしれない。講師として教えること
で私のプレゼンスキルもさらに上がるかもしれない。そ
う思い、プレゼンスキル研修の責任者として立候補した
のです。

プレゼンスキル研修の責任者には私が選ばれ、さらにサポート役として研修チームメンバーになったのは３〜４年目のコンサルタント４名。研修チームで議論し、プレゼン・ビデオ・フィードバック・セッションを軸にした研修を設計し、実施することになりました。

「プレゼンインパクトの式」が、発展した

　私がリーダーとなって設計し準備したプレゼンスキル研修の第一回は、４月の中旬に実施されました。私が勤めていたコンサルティング会社のオフィスの近くにきれいな桜並木があるのですが、その桜は葉桜になり、新年度のザワザワ感もそろそろ落ち着いてきた頃でした。

　一方で、２年目コンサルタントたちのザワザワ感は増していっていました。

　あと数週間もすると、１年目コンサルタントがチームに入ってきます。２年目コンサルタントは先輩コンサルタントとして振る舞い、時には指導やフィードバックをしないといけないからです。２年目コンサルタントたちは、１年間なんとか生き残って後輩ができるうれしさと、初めて先輩コンサルタントになる緊張との中にいました。

　そんな2年目コンサルタントたちに少しでもスキルを身につけて自信を持ってもらおうと、プレゼンスキル研修を開始しました。

　研修の導入部分を説明した後、私は次の式を大きくホワイトボードに書きました。

> ［**プレゼンインパクト**］＝
> （プレゼン内容）**✕**（プレゼンスキル）

（［プレゼンインパクト］とは、プレゼン後に、プレゼンを聞いた人に、新しい行動を起こしてもらい、物事を前に進めること）

森：「この研修では、プレゼンインパクトを最大化させるために、プレゼンスキルの向上に特化して、プレゼン・ビデオ・フィードバック・セッションを行います。プレゼンスキルがないと、どんなにプレゼン内容が良くても、インパクトを得られません。もちろんプレゼン内容も大切ですが、そちらのほうは毎日プロジェクト内で鍛えられていると思いますので、今日はプレゼンスキルに集中しましょう」

　研修の内容やタイムテーブル、機材セッティング、フィードバックの与え方など、準備して作り込んだ甲斐あって、研修はうまくいきました。後日、人事部門から教えてもらったのですが、受講者の研修後の評価が想定以上に高かったそうです。そのためプレゼンスキル研修は定期開催されることになり、私は退社するまで講師を務めました。

　第1回目のプレゼンスキル研修が終わって私が後片付けをしていると、受講者の一人だった伊藤さんが、研修で使ったミーティングルームに戻ってきました。

伊藤さん：「森さん、10分ほどお時間いいですか？　プレ

ゼンインパクトの式に質問があって」

　伊藤さんによると、プレゼンインパクトに影響を与える因子が他にもあるのではないか、とのこと。伊藤さんが直前のプロジェクトで経験したことを教えてくれました。

伊藤さん：「直前のプロジェクトで、私のチームのプレゼンがうまくいかないことが続いたんです」

　そのプロジェクトのクライアントの中に、普段の議論では建設的にいろいろアイデアを出し、深い業界知識も持った聡明な方がいたそうです。ただその方、プロジェクトの定期レビュープレゼンの時は、ピント外れな質問をして議論があさっての方向に行ってしまうことが何度かありました。さらに、プレゼン後にやるべきことを部下にちゃんと説明していなかったこともありました。

森：「それは大変そうですね。それで伊藤さんのチームはどうしたんですか？」

伊藤さん：「コンサルタントチーム内で議論したんですが、課題・原因がよくわからなくて。プレゼン内容やプレゼンスキルが足らないのなら、こちらで改善することもできるのですが…」

　伊藤さんのチームは、プレゼン内容やプレゼン方法をいろいろ改善しました。しかしながら、プレゼンインパクトはほとんど改善されませんでした。そこで、チームリーダーがクライアントのその方のところに行って、1対1で聞いてみたそうです。

森：「どんなふうに聞いたの？」

63

伊藤さん：「もう、真正面から聞いたそうです。『定期レビュープレゼンがうまくいっていないと思うのです。どうしたらいいでしょうか？』と聞きました。すると、意外な答えが返ってきました」

　実はそのクライアントの方、プロジェクト内で使っているIT関連の新しい技術や用語をきちんと把握しておらず、それで内容が理解できない部分があったそうです。そうであればコンサルタントに聞いてもらえればよかったのですが、聞きづらい状態でした。クライアントの業界ではそれらは知ってて当然の雰囲気があって、知らないのが恥ずかしい、という思いと、聞いて他の人の時間をムダにするのも悪い、という遠慮もあったようです。

森：「なるほど。プレゼンの受け手の知識不足が、プレゼンインパクトに大きく影響していたんですね。それで結局、どういう対応をしたんですか？」

　伊藤さんのチームは、定期レビュープレゼンとは別に、プロジェクト内で使うIT関連の新しい技術や用語を解説する資料を作成して、その方に特別講義をしました。その方に、「最初からこういうセッションをやってくれたら、私ももっと貢献できたのになー」と、照れ笑いしながらも、非常に感謝していました。

　特別講義の後は、定期レビュープレゼン中に活発で建設的な議論が起きるようになり、プレゼン後はクライアントの行動が明確に変わりました。伊藤さんのチームはプレゼンインパクトを実感できるようになったのです。

伊藤さん：「そんな体験をしたので、プレゼンインパクトはプレゼン内容とプレゼンスキルだけではなくて、プレゼンを受ける人の理解力、のようなものも関係してくると思います。理解力と言うとプレゼンする側ではコントロールできない因子のようですが、実はできることはいろいろあるんじゃないかな、と。そのことを森さんと議論したくて、ミーティングルームに戻ってきたんです」

　確かに、プレゼンを受ける人の理解力もプレゼンインパクトに大きく影響を与えます。プレゼンを受ける人の理解力を上げるために、プレゼンする側で工夫したり努力したりすることも可能です。

　踏み込んで考えると、プレゼンを受ける人の理解力以外にも、前向きなやる気も関係しそうです。プレゼンを受ける側が、「プレゼン受けたくねーなー」と思っていたらインパクトが出なさそうです。私が経験した中に、大きな飲み会の翌日の午前中にはプレゼンしない、と決めていたプロジェクトがあったことを思い出しました。

伊藤さん：「この要素を式に表すとしたら、どうなりますかね？」

森：「プレゼンを受ける側の理解力、というのはなかなか良いポイントですね。プレゼンする側で上げることもできるし。理解力以外にも、プレゼンを受けたいと思っているか・受けたくないと思っているか、とか、その時の体調・心境、とかも影響しそうですね。それらを一般化して、こうしたらどうでしょうか？」

私は、ホワイトボードに書いてあった数式に、要素を1つ書き加えました。

[プレゼンインパクト] ＝
（プレゼン内容）✕（プレゼンスキル）
✕（相手の受け取り力）

森：「プレゼンを受ける側の立場に立ってそのプレゼンの内容や方法、時間や場所を考えると、（相手の受け取り力）を上げるためのアクションが見つかりそうですね」

「プレゼンインパクトの式」が、さらに発展した

伊藤さん：「プレゼンって、奥が深いですね」

森：「そうですね。私もプレゼン研修の講師をやってますが、自分のプレゼン・ビデオ・フィードバック・セッションをやるとまだまだ改善点が見つかりますし、（相手の受け取り力）という要素も考慮しないといけないし。プレゼンが上手で、毎回プレゼンインパクトを出している人に憧れます」

伊藤さん：「毎回プレゼンインパクトを出すと言えば、2つ前のチームリーダーがすごかったです。プレゼンをほとんどせずに、プレゼンインパクトを出していたんです」

森：「プレゼンせずにインパクト出すって、どういうこと？」

＊

そのチームリーダーが行う予定だったプレゼンは、い
くつかの分析内容を説明した上で、提案する変革活動に
合意してもらうのが目的でした。

　プレゼンを受ける側だったクライアントチームの責任
者がプレゼン資料をぱらぱらっと見た後で、チームリー
ダーに対して言いました。

「あなたがリーダーのチームで分析して提案しているん
だから、間違いはないでしょう。分析の説明は後で読ん
でおくので、提案内容をどう実行するか、に時間を使い
ましょう」

　プレゼンを始めるまでもなく、変革活動への合意が得
られました。プレゼンせずにプレゼンインパクトが出て
しまったのです。チームリーダーはそのクライアントと
過去に何度か一緒に働いたことがあり、相当信用されて
いたようです。

　私は、ホワイトボードに書いてあった数式に、要素を
もう１つ書き加えました。

［**プレゼンインパクト**］＝
（プレゼン内容）✖（プレゼンスキル）
✖（相手の受け取り力）
✖（プレゼンターと相手との関係性）

　こうして、伊藤さんと議論することで［プレゼンイン
パクト］の数式に出合ったのでした。

プレゼンインパクトの数式の解説

[プレゼンインパクト]＝
(プレゼン内容) ✕ (プレゼンスキル)
✕ (相手の受け取り力)
✕ (プレゼンターと相手との関係性)

プレゼンインパクト：プレゼン後に、プレゼンを聞いた人に、どれぐらい新しい行動を起こしてもらえたか。たとえば、提案を承認してもらえたか、新しいアイデアを出してもらえたか、モノを買ってもらえたか、など

プレゼン内容：総合的なプレゼンの内容。資料（ドキュメントやペーパーとも呼ぶ）に書いてあることやフォーマット、図表やグラフ、分析内容、プレゼン中に話す内容、など

プレゼンスキル：プレゼンをする時に使う技のすべて。話すスピード、トーン、ボリューム、間のとり方、目線、手振り身振り、立ち位置、プレゼン中に移動する、機材をうまく使う、他にもいろいろある

相手の受け取り力：プレゼンを聞く人の前提知識やスキルとしての理解力や、そのプレゼンを聞く時の体調や心理的な状態

プレゼンターと相手との関係性：プレゼンを聞く人が、プレゼンする人のことをどう思っているか。プレゼンする人がどれぐらい信用されているか

プレゼンインパクトを上げるには？

- プレゼン内容の品質を上げる。これがゼロだとプレゼンする意味がない。プレゼン内容の品質の話をしだすと本が1冊以上書けてしまう。
- プレゼンスキルを上げる。これがゼロだと、どんなに内容が良くてもプレゼンインパクトを達成できない。同じパンフレットを使って営業しているのに、トップ営業と普通の営業では成果に大きな差が出るのはなぜでしょうか？
- 相手の受け取り力を上げる。プレゼンで難しい用語や概念を使う場合は、プレゼンを聞く人に事前に説明しておく。意思決定者の理解力がいまいちだと思ったら、その人の右腕的な優秀な部下にもプレゼンに参加してもらい、プレゼン後に別途説明してもらう。プレゼンを聞く人が疲れている時(別のミーティングを長時間やった後の夕方とか)や、そのプレゼンのマインドシェアが低い時(取締役会とか重要なミーティングの直前とか)にプレゼンしない。あなたが深夜に重要なビジネスプレゼンを受けたとして、正しく判断できますか？
- プレゼンターと相手との関係性を良くする。プレゼンをする相手から信用を得るように、普段から行動することもプレゼン準備の1つ。プレゼン前に「プレゼンは一応聞くけど、君が言うことなら承認するよ」と言われれば一人前。

8つ目の習慣‥信用を計算してゲットする——[信用力]の数式（Trust Equation）

ここで紹介する数式の左辺
▼
信用力（Trust）
自分の言動が、相手にどれだけ信じてもらえるか

「ビジネスをする上で、『信用』が最も大切！」とよく聞きます。では、どうやったら信用を得られるのでしょうか？

あなたが3年間付き合ったパートナーと、半年後に結婚式を挙げることになったと仮定します。

パートナーと相談し、参加する親族や友人に気を使いつつ、同時に自分たちの好みを反映したこだわりの結婚式にしたいと考えました。そこで、信用できるウェディングアドバイザーを探すことにしました。

次のどちらの人が信用できますか？

ウェディングアドバイザーA：約束した時間にいつも遅

れてくる。結婚式のプランに関する資料提出の期限も守らないことが多い。

ウェディングアドバイザーB：約束した時間には必ず間に合うようにスケジュール管理をしている。資料提出が期限に遅れそうな時は、事前に連絡がある。

　また、次の場合はどちらが信用できますか？

ウェディングアドバイザーC：歴2年目。これまでの実績は不明。あなたの質問に対する回答が、要領を得ない。

ウェディングアドバイザーD：歴10年。これまでの実績として、コーディネートした結婚式の事例資料がある。

　以下の場合はどうでしょうか？

ウェディングアドバイザーE：あなたが出すアイデアを汲み取らず、自分のアイデアを押し付けてくる。今回の結婚式プランで社内表彰されることを狙っているらしい。良いプランであることは確かなのだろうけど…。

ウェディングアドバイザーF：自分のアイデアを提案することもあるが、あなたの考えを引き出して、式の内容に反映してくれる。自分の美意識や外部からの評価よりも、あなたにどう貢献するかを優先してくれる。

　わかりやすいように極端に書きましたが、あなたが仕事をしている中でウェディングアドバイザーA、C、Eのような人に会ったことはありませんか？　また、あなた自身がそのように振る舞ったことはありませんか？

第2章　他で頑張っても、「ゼロ」を掛けたら結果はゼロ！

71

ウェディングアドバイザーB、D、Fが、あなたの信用を獲得できるのはなぜでしょうか？

＊

仕事相手に信用されるために必要な項目を分解し、信用力を上げるための数式を紹介します。

アルプス山脈のふもとで、信用力の式と出合う

$$[\text{信用性(Trust)}] = \frac{(\text{信頼性(Reliability)}) \times (\text{信憑性(Credibility)})}{(\text{我田引水性(Self-Orientation)})}$$

私がこの「信用力」の式（Trust Equation）[*1]に出合ったのは、5月のすがすがしい気候の中、ヨーロッパアルプスのふもとにある研修施設で、コンサルタントとしてのトレーニングを受けている時でした。

まだ肌寒い日もありましたが、爽やかな空気の中でリフレッシュしながらコンサルタントとしての技術や考え方を学ぶ研修でした。外部講師のビジネスコーチから信用力の式を教えてもらった瞬間、私の脳の中に稲妻が走ったのを今でも憶えています。

「私が必要としていたのはこの式だ！ 半年前に知っていたら、あんなに苦労せずにすんだのに…」

信用されていないコンサルタントなんて、無用の長物

このトレーニングの前、私はあるプロジェクトのチームメンバーとして仕事をしていました。そのプロジェクトは期間が6か月間と、一般的なプロジェクトよりも長めのものでした。

最初の1か月が終わったころ、必要となるデータ収集や分析、資料作成にも慣れてきて、「コンサルタントになって2年目だし、そろそろスキルも身についてきたかな」と、ちょっと調子に乗っていました。

そんな中、コンサルタントチームの現場リーダーだった上村さんに声をかけられました。

上村さん:「森さん、ちょっとフィードバックがあるので、例の部屋まで来てもらっていいですか?」

そのプロジェクトでは、1週間のうち4日間以上もクライアントのオフィスにいたため、通常使うチーム用の部屋、チームルームとは別に、One-on-Oneミーティングなどができる小さな部屋をクライアント社内に借りていました。そこは資料などの倉庫として使われている部屋で、小さい窓が2mぐらいの高さに1つあるだけで、ほこりっぽく、私はあまり好きではありませんでした。

あの部屋で話すの嫌だな、というネガティブな思いと、最近うまくいっているから褒められるのかな、というポジティブな思いの両方を五分五分で持って、私は例の部

屋へ入りました。

上村さん:「森さん、このプロジェクトに入って1か月、調子はどう?」

森:「データ収集や分析、資料作成もうまくできるようになってきました。クライアントに価値を提供できていると思います」

上村さん:「そうだね。森さんは分析や資料作成の作業が速くて内容が的確だから、いつも助かってるよ。コンサルタントとしてのスキルが上達してるね」

森:(お、やっぱり褒められるパターンか。ヨシヨシ)

上村さん:「チームメンバーとはうまくやれてる?」

森:「はい。コンサルタント側もクライアント側も良い人たちばかりで、楽しく仕事してます」

上村さん:「そう、それは良かった」

　その後、5秒間ぐらい沈黙が続きました。

森:(おや? これは褒められた後になんか注意されるパターンかな?)

上村さん:「これは、森さんならちゃんとプラスに転換できると思うから、ぶっちゃけて話すけどいいかな? 実はクライアントのリーダーの遠藤さんから、クレームというか、注意というか、受けていて。森さんに対して、『あいつの言っていることは正しいんだけど、なんとなくムカついて信用できないから、プロジェクトから外したほうがいいんじゃないか』って」

森:「! ! ! !」

　私は声にならない音を発したような記憶があります。

自分ではコンサルタントとしてスキルが向上していると思っていたので、かなりショックでした。

上村さん：「ただし、私は森さんをチームから外すことは考えていません。分析や資料作成の品質が高いので、頼りにしてます。そうは言っても、クライアントからこんなことを言われてしまっては、早急に改善しなくてはなりません」

　私はすぐには納得できませんでした。自分の認識では、コンサルタントとしてやるべき分析や資料作成はちゃんとやっている、クライアントに価値を提供している、と思っていたからです。

森：「そもそも、信用って何ですか？ 先入観とかあいまいな思い込みのようなものではないのですか？ われわれは、『誰が言ったか、ではなく、何を言ったか、で判断すべき』ではないのですか？」

　上村さんは穏やかな表情を保ちながら、「信用」について私に話してくれました。

上村さん：「たとえ『信用』が思い込みであったとしても、多くの人はそれで判断します。『誰が言ったか、ではなく、何を言ったか、で判断すべき』というのは、コンサルタントの間では通用しても、一般の世の中では通じません。仕事をする上で「信用」はなくてはならないものの１つです」

　私が、遠藤さんをはじめクライアントチームから信用

を得るために何をしたらよいか、上村さんと相談しました。

　私がまず最初にやることに決めたのは、「ちょっと難しめの約束をして、それをちゃんと守る、ということを繰り返す」というものでした。

　その日から私は、信用獲得のために決めたことを毎日行うようにしました。たとえば、夕方遅くまでクライアントとのミーティングが白熱することがよくありました。ミーティングが終わった後に、私が約束を宣言します。

森：「では、今日議論した内容を、明日のミーティングまでに資料にまとめておきますね」

　約束した上で、頑張って議事録と資料化したパワーポイントを次の日の朝までに作成し、クライアントのチームメンバーに送付する、というのを繰り返しました。しばらくすると、クライアントのリーダー遠藤さんからも、「あいつ、なんとなくムカつくけど、約束は必ず守るから、信頼できるやつかもしれないな」

　と言われるようになりました。

　１つひとつの約束の内容は小さなものでも、きちんと守ることを繰り返した結果、私という人間の信頼性、つまり、この人は期待通りの結果を返してくれるという安心感、がクライアントチームの中で醸成されていったようでした。

→信用力を上げるために、信頼性を上げる。信頼性とは、約束を守り期待通りの結果を返してくれる、という安心感

エクセルの神として生きる

　6か月間プロジェクトの2か月目が終わり、私の信頼性が上がりつつあったころ、また上村さんに声をかけられました。

上村さん：「森さん、ちょっとフィードバック、というか作戦会議をしたいので、また例の部屋まで来てもらっていいですか？」

　自分の信頼性が上がっているのを感じていましたし、プロジェクト全体としてもうまくいっていたので、ほこりっぽいので嫌だなと思いつつも、ポジティブ7割、ネガティブ3割ぐらいの心持ちで、例の部屋に入りました。

森：（フィードバックならわかるけど、作戦会議ってなんだろ？）

上村さん：「森さん、最近どう？　クライアントから信頼されるようになってきたんじゃない？」

森：「はい！　上村さんに言われた通り、約束をしてちゃんと守る、というのを繰り返していたら、信頼されるようになってきたと思います」

上村さん：「森さんもそう感じているんだ。クライアントからも『森さんの印象が変わった』と言われたよ。私も嬉しいです」

　私は、心の中で大きなガッツポーズをしました。

上村さん：「ただし！　これで安心してはいけません。社会人としてのスタートラインにようやく立った、というだけです。プラマイゼロ。価値を提供できるような信用

力を得たわけではありません」

森：（うぐぐ。確かにそうだけど…。）

　上村さんがこの作戦会議で次のステップとして提案してくれたのは、「専門家として認識され、価値を提供できるようになる」というものでした。専門家として認識されるということは、「この種類の質問をしたら、一般の人は答えを知らないけど、この人に聞けば正しい答えが必ず返ってくる」と思われることです。

　私はかつて、原子力工学の専門家でしたが、このプロジェクトには関係ありません。プロジェクトに役立つ専門家、と言われても具体的なアイデアが思いつかず、困ってしまいました。

上村さん：「そういえば、他のコンサルタントが森さんにエクセルに関する質問を聞きに行くことが多いですよね。エクセル、得意なんですか？」

森：「得意、というほどではないですが、ショートカット、数式、マクロ、一応は一通り使えます」

上村さん：「では、そのエクセルスキルをクライアントにも伝授してください。このプロジェクトではエクセルで分析したりグラフを書いたりすることが多いので、クライアントメンバーも喜ぶと思いますよ」

　その日から私は、クライアントメンバーにエクセル技を教え、さらにその状況を他のクライアントメンバーにも見てもらうようにしました。

　クライアントがプロジェクトに関するエクセル作業で

困っている時に、そのエクセルファイルを私が受け取り、プロジェクターで投影しながら、みんなが見ている前で、セル内の式やショートカットを駆使して、解説しながら数分で解決しました。

遠藤さん：「何あれ！ 今どうやったの？ 神？」

と、興奮気味に感謝してくれました。

このエクセル・ショーを何度か行ううちに、クライアント内でうわさが広がり、プロジェクトに関係ない人も立ち見で見学に来るようになりました。

プロジェクトの終盤では、クライアントオフィス内の私のデスクの隣に賽銭箱のようなものが置かれていました。エクセルで困ったことがあるとお賽銭を持ってきて私に頼み込む、という儀式のような遊びができていました。「森さんはエクセルの専門家。エクセルならこの人に聞けば間違いない」と認識されるようになりました。

●信用力を上げるために、信憑性を上げる。信憑性とは、その分野の知見が深く、聞けば答えを返してくれる、という安心感

チームはクライアントのために

6か月間プロジェクトの5か月目が終わり、私もクライアントメンバーとのコミュニケーションが楽しくなりつつあったころでした。上村さんがコンサルタントチー

ムメンバーに声をかけ、ミーティングをしました。

上村さん：「今日のミーティングの議題は、最後の1か月、チームとして何を優先させるか、です」

　チームの頑張りによって、プロジェクトの成果が想定以上に出ていました。そのため、クライアントの経営陣から上村さんに、感謝の言葉が贈られたようです。

　そして、今回のプロジェクトで対象外だった部門に対して同じ手法を適用する「フェーズ2」を実施することが決まりました。ただ、フェーズ2をどのように進めるかは、その時点では決まっていませんでした。

上村さん：「フェーズ2を今と同じチーム構成、つまりコンサルタントとクライアントの混成チームで実施するのか、クライアントだけのチームを作って実施するのか、現在、クライアントと協議中です。コンサルティング契約が延長されるかもしれないし、あと1か月で終わりかもしれない。この状況で、フェーズ1の最後の1か月で、何を目的にチームとして動くか、を議論したいです」

　このミーティングには、上村さん以外に3名のコンサルタントが参加していました。それぞれがアイデアを出し合い、議論し、3つのアイデアまで絞り込まれました。

　1つ目は、とにかくフェーズ1の数値成果を最大化させる。そのために、優先順位を後回しにしていた改善効果が小さい施策をコツコツ進める。

　2つ目は、フェーズ2で対象となる開発部門と製造部

門の分析を先行して実施して、フェーズ2が始まったらロケットスタートできるようにする。

3つ目は、フェーズ2をクライアントだけのチームで実施することになった状況に備えて、分析や資料作成のノウハウやコツなどをクライアントメンバーに伝授する。

チーム内で議論を続けても、この3つからなかなか決められませんでした。その時、しばらく考え込んでいた上村さんから、投げかけがありました。

上村さん：「クライアントの立場になったとして、一番うれしいのはどれかな？ コンサルタントの立場や我が社の立場は一旦忘れて、クライアントのことだけを考えたら、どうなるかな？」

チームの結論はすぐに決まりました。

フェーズ2が終わっても、フェーズ3、4があるかもしれない。数年後、状況が変わったら新しい情報を入力して分析し直さないといけないかもしれない。コンサルタントがずっとサポートすることは難しいので、いつかはクライアントメンバーだけで分析や資料作成をやっていかないといけなくなるのは明らかです。

コンサルタントチームは最後の1か月、分析や資料作成の方法をクライアントメンバーに伝授することを優先すると決めました。

クライアントメンバーだけで分析ができるように、エクセルファイルのマニュアルを作りました。また、コン

サルタントが資料を作ることはせず、クライアントに資料を作ってもらいました。コンサルタントはその資料に赤を入れて改善箇所を伝え、OJT（On the Job Trainingのこと。仕事をやりながらスキルを身につけていく手法）しました。

　6か月間が終わろうとする頃、私がチームルームで仕事をしていた時に、遠藤さんが来て言いました。

遠藤さん：「こんな解説書があってトレーニングもしたら、私たちだけでできるようになっちゃうじゃないの。私たちだけでは分析できないようにしておいて契約延長したほうが、あなたたちにとって得なのに。私たちのために、森さん、ありがとう」

　プロジェクトの初期には「なんとなくムカつくし信用できないから、プロジェクトから外してほしい」と言われていたのに。本当にうれしかったです。

➡信用力を上げるために、我田引水性を下げる。我田引水性とは、あの人は、私のためではなく自身のために行動する人だ、という不安感

アルプス山脈のふもとで、信用力の式を噛み締める

　場面はアルプスのふもとにある研修施設に戻ります。

私は「信用力」の式を見ながら、遠藤さんからの感謝の言葉を心の中で反すうしていました。講師であるビジネスコーチが、研修参加者に質問しています。

講師：「では、この『信用力の式』を実際のコンサルタントの仕事に当てはめると、どうなりますか？『信用力の式』が役に立ちそうな場面を経験したことがある人は、その経験を他の研修参加者に共有してください」

私は自信を持って手を上げ、直前のプロジェクトでの経験を話しました。

森：「私は前回のプロジェクトでクライアントからあまり信用されておらず、苦労しました。信用力を上げるためにまず取り組んだのが…」

私は前回のプロジェクトの経験を共有し、他の参加者から感謝されたのでした。

脚注：
＊1　**Trust Equation：**この式に出合ったのが英語での研修中だったので、式も英語にしたほうが私はしっくりきます。英語辞書でTrust、Reliability、Credibilityを調べると、どれも同じ意味だったりします。が、ここは、そういう定義の変数だと思って考えてください。私は、このTrust Equationを書いた名刺サイズの紙をラミネーションしてもらって、いつも鞄に入れて時々見返しています。
　　「Trust Equation」は、David H. Maisterらの著書「The Trusted Advisor」で紹介されています。
＊2　**エクセルファイルのマニュアルを作りました：**私がまだ経験が浅く、この順番になってしまいました。もしいま同じプロジェクトをやるなら、先にマニュアルを作ってからエクセルファイルを作ります。

信用力の数式の解説

$$[信用性(Trust)] = \frac{(信頼性(Reliability)) \times (信憑性(Credibility))}{(我田引水性(Self\text{-}Orientation))}$$

信用性（Trust）：自分の言動が、相手にどれだけ信じてもらえるか

信頼性（Reliability）：約束を守る、期待通りの結果を返してくれる、という安心感

信憑性（Credibility）：その分野の知見が深く、聞けば答えを返してくれる、という安心感

我田引水性（Self-Orientation）：あの人は、相手（他人）のためではなく自分のために行動する人だ、という不安感

信用力を上げるには?

・信頼性を上げる。これがゼロだと、信憑性、専門家としての価値があっても、信用はゼロ。いつも遅刻したり嘘をついたりする医者に、自分の病気を相談したいですか?
・信憑性を上げる。これがゼロだと、どんなに信頼されていても、相談されない。長年の友人で信頼できるけどセンスが全くない人に、服のコーディネートの相談をしたいですか?
・我田引水性を下げる。利己的な人、自己中心的な人には、誰も相談したくない。ただこの項目は、どんなに頑張ってもゼロにはできない。自分のエゴ、完全になくせますか?

なぜ交渉のエキスパートは「勝ちすぎない」のか——［交渉力］の数式

ここで紹介する数式の左辺
▼
交渉力
交渉の目的を達成するための能力

ビジネスでは多くの交渉があります。営業や購買などの、社外との交渉を思い浮かべる方も多いでしょう。社内でもタスクの割り振りや目標設定、人事評価など、交渉要素があるコミュニケーションは意外に多いです。また最近では、企業買収の交渉やスタートアップへの投資に関する交渉など、多様な知見が必要で企業業績への影響が大きい交渉に携わる方も増えてきました。

交渉力の向上は、どんな職種や役割の方であっても、ビジネスを成功させる上で不可欠だと思われます。

しかしながら、私は交渉のやり方や交渉力の上げ方を、学校でも会社の研修でも習った記憶がほとんどありません。「交渉は得意ですか？」と聞かれたら、私は「苦手です」と答えます。あなたはビジネス交渉、得意ですか？

交渉力を上げるには、どうしたら良いのでしょうか？

そしてさらに重要なのは、交渉力を上げた結果、何が得られるか、ということです。良い交渉結果、とはどのようなものでしょうか？

*

たとえば、あなたが子どものために家庭教師を探している場面を想像してみてください。

家庭教師から最初に提示された指導料は、1時間5,000円でした。あなたはうまく交渉して、これを1時間2,500円にすることに成功したとします。これは交渉に成功したと言えるでしょうか？

確かに、1時間あたりの金額は半分になりました。交渉の目的が金額を下げることだけであれば、交渉に成功したと言えるかもしれません。

しかし、1時間あたりの指導料が下がったことで、家庭教師のやる気が下がり、子どもの成績が向上しないかもしれません。交渉した家庭教師にとってあなたは、無理やり金額を下げさせられた嫌な人、と認識され、そのウワサが広がり、他の家庭教師も含めてもう二度と家庭教師を雇えなくなってしまうかもしれません。

この項では、私が教えてもらったり体験したりした、交渉力を上げるための要素をまとめた数式を紹介します。

交渉力の数式を紹介する際に具体例を挙げて説明したいのですが、交渉に関する体験談は秘密情報も多く、また生々しすぎるので、ちょっとだけ海外の小説風にして

紹介します。内容はすべて創作ですが、私や仕事仲間の実際の体験談を基にしています。

オリビアの視点：
生まれて初めての大きな交渉

　オリビアは、昨日までは自分の交渉力に自信を持っていた。

　中学生の時に、MacBookを買ってもらうために父親と交渉した。最新のMacBookを買ってもらった。高校生の時に、東南アジアに観光旅行に行って土産物店と交渉した。60％の値引きをしてもらった。大学生の時、意中の企業の人事担当者と交渉した。すでに募集を締め切っていたインターンに参加する権利を獲得した。どれも思い通りの交渉結果を勝ち取ってきた。

　しかしオリビアは今、自分で起業し、自分の人生の3年間すべてを注ぎ込んできたスタートアップの一部を売却する交渉を前にし、とたんに自分の交渉力に自信を持てなくなっていた。自分で起業した自分の「ベイビー」とも言える会社の未来を決める重要な交渉の経験は、オリビアには全く初めてのものであった。

　Autono Data Insu Tech（ADIT）社は、3年前にオリビアが起業した、自動車保険に関するスタートアップである。

　一般的な自動車保険では、運転手や自動車の特性など

を使って事故を起こす確率をスコアリングし、スコアによって保険料を計算している。運転手や自動車の特性を使ったスコアリングは保険加入・更新時に決まるため、ADIT社ではスタティック（静的）スコアリングと呼んでいる。

一方でADIT社では、スタティックスコアリングに加えて、自動車が実際に通る道路の状況や時間帯、運転時のブレーキの踏み方など、運転データを使って逐次スコアリングをし直す、ダイナミック（動的）スコアリングを行っている。これにより毎月保険料が変化する保険のダイナミックプライシングが提供できるようになる。

ADIT社のテクノロジーを使えば、安全な道路を安全な時間帯に安全に運転すれば保険料がどんどん下がる。保険加入者の事故が減り、保険会社の補償金が減り、結果として保険会社の利益が増えることを見込んでいる。

さらに、将来自動運転が一般的になった際には、自動運転車の保険料を適切に算出するツールとしても使える可能性があると言われている。そのため、設立3年でまだほとんど売上がないにもかかわらず、業界内では知る人ぞ知るスタートアップとして成長していた。

ADIT社は創業期に獲得した資金を使い、ダイナミックプライシングのコンセプトを実データで実証することを完了していた。次のステップは、この実証結果を使って誰にどのような価値を提供するか、つまり、誰からどうやってお金をもらうか、を決めて売上を稼ぎ始めるこ

とである。そのために必要な資金を調達すべく、オリビアは出資候補者とのミーティングを繰り返していた。

National Automotive Insurance（NAI）社はそのうちの１社である。オリビアは、NAI社の新規事業担当部長であるカイルと、２週間後にミーティングすることになっていた。

オリビアとカイルはこれまでに３度、ミーティングを行っていた。お互いの企業紹介から始まり、成長の方向性や協業の可能性、それぞれの企業が持つ課題など、オープンで協力的な議論が行われていた。

次のミーティングではいよいよ、具体的な協業内容や出資形態、出資条件について議論する予定である。オリビアは、これまでのミーティングでの議論内容やカイルの言動、NAI社の公開情報などから、NAI社との協業について好意的に捉えていた。そのため、出資を受けることを前向きに考えていた。

一方で、いくつかの懸念も抱いていた。NAI社は大企業であり交渉に長けていると思われるため、ADIT社にとって不利な交渉結果になるのではないか。NAI社から出資を受けることで、他の保険会社とのビジネスが制限されるのではないか。NAI社は大企業のため交渉に時間がかかるのではないか。さらに、交渉や出資デューデリジェンス（査定）を通してADIT社の情報が吸い取られてしまうのではないか。それ以外にも、大小様々な懸念

がオリビアの心を占領していた。

不安になったオリビアは、大学時代の友人に相談した。その友人は、アドバイスをしてくれる経験豊富な知り合いを、メンターとして紹介してくれた。その人は、過去に何度もスタートアップを立ち上げ、出資を受け、大企業に売却した経験がある、ということだった。

オリビアはメンターへ連絡し、最初のミーティングを彼が指定するスターバックスですることになった。

よい交渉とは何か?

その日は午後になって雲が出てきた。ベイエリア特有の強い日差しが弱まってきたスターバックスのテラス席で、オリビアは紹介してもらったメンターと会った。

まずはお互いに自己紹介をした。このにこやかな初老の紳士はシリアルアントレプレナー[*1]で、これまでに4社を起業しすべて売却に成功、Exit[*2]していた。今はエンジェル投資家[*3]をしているとのことだった。

メンター:「シリアルアントレプレナーというと聞こえが良いけど、企業を大きく成長させた経験がない、とも言えるがね。ただ、初期のスタートアップについては、出資される側も出資する側も何度も関わったから、ある程度は交渉のアドバイスをできると思うよ」

オリビア:「実戦経験に裏打ちされた交渉の仕方について、ぜひ教えてください」

91

メンター：「もちろん、よろこんで。私の高校時代からの友人に、MBAで交渉を学んだヤツがいる。でも私の考えでは、交渉は学校で学ぶようなものではない。実戦経験がモノを言う。Book Smart（学校での成績が良いこと）よりもStreet Smart（実戦で経験し結果を出していること）の世界だ」

メンターは、優しいにこやかな表情を維持したまま、眼光だけが鋭くなった。

メンター：「今回の交渉の具体的な話をする前に、まずは交渉の一般的な話をしよう。『良い交渉』とは、どんな交渉のことだろうか？」

オリビア：「『良い交渉』ですか？ それはやはり、できる限りこちら側に有利な条件を相手に飲ませることではないでしょうか？」

メンター：「確かに、自分に有利な条件で交渉を妥結できれば良い交渉のようにも思える。しかし、どんな状況でもそうだろうか？」

メンターは例を挙げてオリビアに説明した。

海外の土産物店で木彫りの置物を購入する際に、値引きの交渉をする状況を想定する。

あなたがこの土産物店で木彫りの置物を買えなくなったとしても、別の土産物店で似たようなものを買えばよい（どうしても「その」木彫りの置物を購入したいのであれば別だが）。また、将来あなたがこの土産物店で買い物をする可能性は、限りなく低いだろう。だから、あ

なたと土産物店との関係が悪くなっても特に問題はない。そのため、交渉決裂寸前の強気の交渉をし、できる限り値下げさせるのが「良い交渉」であると言えるだろう。

　一方で、長期間ビジネス関係にある自動車部品サプライヤーから排ガス制御部品を購入する際に、値引き交渉をする状況ではどうだろうか？

　交渉による値引き幅が大きすぎると、たとえその交渉で値引きを獲得したとしても、ビジネス関係にヒビが入ってしまうかもしれない。その結果、将来の納期調整に応じてもらえないかもしれない。さらに、値引きされた価格で無理やり利益を出すために、性能が悪い部品が納入されるようになるかもしれない。これは明らかに「良い交渉」とは言えない。

オリビア：「つまり状況によって『良い交渉』の定義が変わる、ということですね」

メンター：「その通り。交渉をとりまく状況、特に交渉の『目的』によって『良い交渉』が何かが変わってくる。その交渉によって何を達成したいか。達成したいことは交渉直後の経済条件だけではなくて、10年後のビジネスの成功、の場合もある」

オリビア：「となると、まずは今回の交渉によってADIT社や私が、短期的にも長期的にも何を達成したいか、を考えなければなりませんね」

　メンターの助けを借りて、オリビアは交渉の目的を箇条書きにまとめた。

- NAI社と、ADIT社の強みを活かしたビジネスを一緒に創り上げる関係を築く。
- NAI社から、想定の範囲内のバリュエーション（ADIT社の想定企業価値）で$5M以上を資金調達する。
- NAI社との契約において、他社との協業を制限されない。
- NAI社に対し、検討に必要なもの以上の情報を渡さない。
- NAI社がADIT社の競合と協業する手助けをしたり、NAI社自身が将来の競合になる可能性をできる限り下げる。

メンター：「交渉が始まると、どうしても闘争本能が刺激されて熱くなって、眼の前の交渉条件の勝ち負けにこだわり、当初の交渉の目的を忘れてしまう人がいる。特に、これまで競争を勝ち抜いてきた優秀な経歴を持つ人にその傾向が多い。だから、紙か電子媒体に記録して見返すことが重要だよ」

➡交渉力を上げるために：交渉の目的からブレないようにする

彼を知り己を知れば百戦殆からず

オリビア：「交渉の目的は明確になりました。次にどんな準備をすればよいでしょうか？」

メンター：「できる限り情報を集めることだ。広範囲で洞察深い情報が集まれば、百戦殆からず、だ」

オリビア：「孫子ですね。広く深い情報、と言っても、どこからどうやって手を付ければよいのでしょうか？」

メンター：「まずは己を知ることからだ」

　メンターは、収集するべきADIT社に関する情報として、いくつか提案してくれた。

　ADIT社が狙っている市場や競合の情報。これはオリビアだけでなくADIT社のメンバーも常に収集しているが、まとめ直してみることになった。

　次に、ADIT社のチームについての情報。社員はADIT社の成長に対してどんな想いを抱いているのか、今回の協業についてどんな期待をしているのか、など。

　さらに、ADIT社の投資家についての情報。投資家は今後ADIT社をどうサポートしようと考えているのか、Exitのタイミングや規模感はどう考えているのか、今回の出資ラウンドの条件に対して何を考えているのか、など。

　オリビアは普段から気にかけてこれらの情報を収集しているつもりだった。しかし、改めてチームメンバーや投資家に聞くことで、自分のチームをよりよく知り、現在の状態を再認識するために活用しようと、思った。

オリビア：「わかりました。さっそくミーティングをセットして率直に聞いてみます。NAI社側の情報はどう集めたらよいでしょうか？」

メンター：「まずは広く情報を集めることだ」

　NAI社は上場企業だから、比較的簡単に情報は集まるだろう。NAI社とのこれまでのミーティングのメモや企業ウェブサイトだけでなく、過去10年分以上のIR関連資料、ニュースや雑誌の記事は読んでおいたほうがよさそうだ。

　さらに、メンターのアドバイスによれば、単に読むだけではなくて、10年間でどんな変化があったかが重要だ。NAI社がどんな戦略に力を入れているかが見えてくる。

オリビア：「では、深く情報を集めるにはどうしたらよいですか？」

　メンターは自分の過去の経験も交えながら、いろいろな情報の取り方を教えてくれた。オリビアがこれまでに考えたこともない情報の取り方もあった。

・NAI社の保険加入者と競合他社の保険加入者、各10人ずつにインタビューして、気に入っているところと不満に思っているところを挙げてもらう。

・NAI社の元従業員と競合他社の元従業員をウェブ会議で集めて、自動車保険業界座談会を開催する。

・これまでに会ったNAI社の社員とランチに行き、自動車保険業界での新規事業開発における課題を聞く。

・自動車保険の代理店の従業員に電話インタビューして、業界の現状と今後について聞く。

・自分やADIT社側の人とNAI社のカイルとの共通の知り合いをLinkedIn等のSNSで探し出し、「カイルとの協業を成功

させたいから彼のことを教えてほしい」というスタンスで、カイル関連情報を引き出す。

メンター：「どれも実際に私がやってみて、効果があったものだよ」

　メンターは過去の交渉準備のための情報収集で、統計的な正しさよりも情報の深さに重点を置いていた。NAI社も持ってないNAI社外の視点からの情報が、交渉戦略を考える上で有用なようだ。特にNAI社の顧客や代理店、競合からの情報収集が役に立つ場合が多い。

メンター：「あるアジアの企業と交渉する前に、現地の学生30人を雇って、その企業のユーザー1000人からアンケートを取ったこともあるよ。あと、従業員や元従業員に情報を聞く時のコツは、『NAI社の課題』を聞くのではなく、『業界の課題』を聞くこと。特定企業の課題を聞くと、秘密情報保護の観点からグレーなエリアに足を踏み入れる可能性が出てくるからね」

➡交渉力を上げるために：広く深く、情報量を増やす

集めた情報を矛と盾に仕上げる

オリビア：「広く深く情報を集める必要性はわかるので

すが、情報を集めるだけでは交渉の目的が達成できない
ように思います。情報を加工して使える形にしないと、
逆に情報が多すぎて混乱しちゃいそうです」

メンター：「情報は料理の素材のようなもの。集めただ
けでは美味しいディナーにはならない。交渉のテーブル
につく前に、事前に調理、つまり分析する必要がある」

　今回の交渉で役に立ちそうな分析が、メンターからい
くつか提案された。

メンター：「交渉戦略を考えるための分析の他に、『**相手
企業が稟議書にそのまま使いたくなる**』タイプの分析も
しておいて、交渉中にそれとなく見せるのも効果的だ」

オリビア：「『稟議書に使いたくなる』分析、ってどんな
ものでしょうか？　私は大企業で勤務した経験がないので、
ちょっと想像がつきません」

　メンターは、交渉相手の大企業側の状況を説明してく
れた。

　交渉相手であるNAI社のカイルは、新規事業創造部
門の担当部長という仰々しい肩書が付いているが、つま
りは中間管理職だ。大企業の中間管理職は、大きな仕事
から雑務までいろいろあって、とにかく忙しい。

　その忙しい中で、稟議書を作って、まずは担当役員に
見せて承認をもらって、役員会か投資検討委員会へ上申
することになる。この資料が今回の交渉結果に与える影
響は大きいが、カイルが資料の準備に使える時間は限ら
れている。だから、資料にそのまま使えるような分析を

押し付けがましくなく見せれば、彼らの意思決定をサポートしつつ好影響を与えられる。結果として、交渉が有利に進む可能性が高まる。

　メンターが提案した分析は、以下のようなものだった。

・保険契約者へのインタビューから、ダイナミックプライシングに対する好意的な意見を抽出しまとめたもの。数値、たとえば「保険契約者の70%はダイナミックプライシングに好意的」のようなものがあるとなお良い。

・業界関係者（NAI社従業員、元従業員、競合他社の元従業員、代理店など）から聞き取った、自動車保険業界や保険新規事業に関する課題を構造化したもの。

・NAI社とADIT社が協業して創る新規事業をできる限り詳細に記述したもの。ターゲット顧客や提供価値、協業スキームで、簡易的なビジネスプランを作成しNPV（Net Present Value）を試算する。さらに、提供する新サービスの仮のサービス名やウェブサイトのイメージも添付する。そうすることで、カイルやNAI社側の人が、協業を具体的にイメージでき、自分事として捉えやすくなる。

「それ以外にも、交渉シナリオを考える上で重要な分析がいくつかある」と、メンターは続けた。

・ADIT社側、NAI社側それぞれのステークホルダー（関係者）分析。今回の交渉の意思決定に関わったり影響を与え

たりする個人を全員書き出し、それぞれが今何を考えていて、交渉の目的をどう捉えていて、交渉にどう関わりたいと考えているか、を書き出す。書き出すことで、自分が知らない部分も明確になる。

・バリュエーションや投資金額のZOPA（Zone Of Possible Agreement）分析とは、交渉が妥結する可能性がある範囲を分析するもの。ADIT社側が合意できる最低のバリュエーションや投資金額はわかりやすいが、NAI社側が合意しても良いと考えていそうな最大のバリュエーションや投資金額を推定するのが重要。

・直近の似たようなディールの投資金額の比較分析。この分析はZOPA分析へのインプットとしても使える。

オリビア：「どれも有用な分析だと思います。ただ、ADIT社で分析に時間を使えるのは私とあと一人ぐらいなんですが、これらの分析をすべて交渉前に準備するとなるとリソースがかなり厳しいです」

メンター：「これらの分析はどれも、自分自身が交渉戦略を考えるための分析だ。だから、コンサルタントがクライアントに提供するような高品質の分析をする必要はない。Quick & Dirty[*4]で分析すれば良いよ」

━━━━━━━━━━━━━━━━━━━━━━━━━━━━

➡交渉力を上げるために：集めた情報を使って事前に分析し、洞察を得る

交渉術の達人は、交渉力が高いのか？

オリビア：「交渉の目的を書き出して、情報を集めて、分析して、次に準備するのは交渉術でしょうか？ 私はビジネス交渉の経験があまりないので、十分準備していかないと。映画やドラマの交渉場面で主人公がかっこよく決めゼリフを言うシーン、憧れます」

メンター：「確かに、交渉スキルは重要だ。ただ、ちょっと考えてみよう。交渉相手が交渉術を駆使するタイプの人間だったとして、そのような人間と長期的な関係を築けるだろうか？ ビジネスパートナーとして信頼できるだろうか？」

オリビア：「どういうことですか？」

メンター：「たとえば、交渉術の1つに『ハイボール』というのがある。交渉の初期段階で、実際の価格よりも高い価格を提示する交渉術だ。100円の価値しかないモノを毎回300円で売りつけようとしてくる交渉上手に対して、自分が本当に考えていることを共有したいと思うかい？」

オリビア：「交渉術を駆使しているのが見え見えの人は、嫌ですね。自分が考えていることを伝えると、それを交渉に利用されそうで、話すのを躊躇しちゃいます。確かに、そんな人とは長期的な信頼関係を築くのは難しそうです。すると、交渉術は不要でしょうか？」

　メンターがオリビアに勧めたのは、交渉相手を攻撃するためではなく、**自分の身を守るために交渉術を使う**、

というものだった。

　相手に交渉経験が多ければ、交渉術を駆使してもそれを見透かされてしまう。しかも単に見透かされるだけでなく、交渉術で相手を言いくるめよう、騙そう、としているんじゃないか、という印象を与えかねない。

　そのため、**いわゆる交渉術は使いすぎないほうがいい**、というのがメンターの意見だった。もちろん、相手の言い分を冷静に聞く、自分の主張を論理的に説明する、など基本的な交渉スキルは重要だが。

　ただし、術を身につける必要はない、というわけではない。相手が交渉術を使ってきた場合、交渉術を知らないと不利になる可能性もある。そのため、交渉術の効果をキャンセルさせるような**カウンターアタックを出せるようにしておく**ことが、自分の身を守るために必要になる。

　交渉の序盤に鮮やかなカウンターを決め、「この相手には交渉術は通用しないな」と思わせる。そうすることで、相手が交渉術を使うのを控えて真摯に交渉するようになるのを狙う。

メンター：「戦わずして勝つ、だ」
オリビア：「善の善なる者なり、を目指すわけですね。ただ、カウンター交渉術、と言われても、あまりイメージが湧きません。具体的にはどういうものがあるのでしょうか?」
メンター：「私が使ったり使われたりしたことがある交渉術は20以上あるが、今回相手が使ってきそうなものはこんな感じかな」

メンターはいくつかの交渉術と、そのカウンターの決め方を説明した（解説は項末に）。

オリビアは、それぞれのカウンター技は理解できたが、実際に交渉で使うのは難しそうだなと感じていた。

メンター：「鮮やかにカウンターを決めるには、事前に練習しておくようにね。ADIT社側の役、NAI社側の役、交渉を外から観察する役、を決めて模擬交渉、ロールプレイをするのがオススメだ」

ロールプレイを何度か繰り返すことで、自分の交渉戦略・戦術をより良くすることもできる、とメンターはアドバイスした。特にロールプレイで相手役や観察役をしている時に、交渉戦略・戦術のアラが見えてくる。

メンター：「相手側の役を演じるのが気恥ずかしくてロールプレイをやりたがらない人もいるけど、交渉力を上げるためには、かなり強力なツールだよ」

オリビア：「わかりました。ADIT社の他の従業員とロールプレイでたっぷり練習しておきます。ところでカウンター技以外で、使って効果があり、相手の信用も落とさないような交渉術はありますか？」

メンター：「そうだな。私は『刑事コロンボ』という技が好きで、時々使っていたな」

●**交渉力を上げるために：交渉スキルを磨く。ただし、交渉術を使いすぎないようにし、カウンター交渉術を練習する**

BATNAは交渉の大事なり

オリビア：「これで交渉力を高める準備はバッチリですね」

メンター：「実は、交渉力を高める上で最も重要なものがある。それは、BATNAを強める、ということだ」

BATNAとは、Best Alternative To Negotiated Agreementの略である。**交渉で合意できなかった場合にどうするか、という交渉の専門用語**だ。

今回の場合、NAI社と協業できず、資金も得られなかった場合、ADIT社が取る次の策は何か。他社と協業し資金調達する見込みがすでにあれば強いBATNAを持っていると言える。NAI社から資金調達できなければ倒産してしまうようであれば、BATNAはかなり弱い。

オリビア：「NAI社から資金調達できなくても他の投資家から資金調達できる見込みがあります。しかし、協業先としては保険会社の中ではNAI社がベストだと考えています。ですから、BATNAはそんなに強くないと思います。BATNAが強いと、どんないいことがあるのでしょうか？」

メンター：「交渉で強気に出ることができる。交渉が決裂してもBATNAを採用すればいいだけだからだ。一方でBATNAが弱いと、交渉は慎重にならざるを得ない。なるべくBATNAになることを避けたいからだ。交渉前に自分のBATNAを強化できれば、交渉力が大きく上がる」

オリビア：「BATNAを強くする、というのを今回の交渉に当てはめると、こんな感じでしょうか？」

・資金調達の観点では、他の投資家からタームシート（出資の条件を記載した書類）、もしくはそのドラフトを、NAI社との交渉前にもらっておく。
・協業の観点では、NAI社以外の協業候補を見つけて、できる限り話を具体化しておく。

メンター：「なかなか良い戦術だと思うよ。さらに、NAI社のBATNAを弱めるか、弱いということを認識させられると、なお良いな」

　オリビアはNAI社の立場に立ち、BATNAを考えた。
　たとえば、ADIT社以外の主要な保険ダイナミックプライシング関連のスタートアップはすべてNAI社の競合と協業中である、としたら、NAI社は苦しい立場に立たされるのではないか。NAI社の交渉相手であるカイルの立場に立った場合、ADIT社以外に新規事業ネタとしてめぼしいものがなく、この機会を逃したら次の定期報告で報告する内容がない、という可能性もある。

メンター：「そういったことをNAI社側に認識させると、交渉を有利に進められる可能性が高まるな」
オリビア：「他のスタートアップの協業先やNAI社の新

規事業ネタは、私が調べるのはちょっと難しいですが…」

メンター：「調べるのが難しいのであれば、会話の中でNAI社側から情報を引き出す、という手もある。BATNAの強さは交渉力を決定する最も大事な要素で、情報収集や事前分析、交渉練習の時間がなかったとしても、交渉前に必ず検討しておくことをオススメするよ」

➡交渉力を上げるために：自分のBATNAを把握し、できる限り強化する。相手のBATNAを推定し、弱められないか検討する

　オリビアは、交渉の達人であるメンターと別れスターバックスを後にした。空は雲が無くなり、きれいな夕暮れになっていた。メンターと会う前には自分の交渉力に不安を持っていたオリビアだったが、今は交渉力を高めるためにやるべきことが明確になり、晴れやかな気持ちでADIT社に戻ったのであった。

カイルの視点：キャリアの危機

　一方でその頃、オリビアの交渉相手National Automotive Insurance（NAI）社の新規事業担当部長であるカイルは、悩んでいた。

　カイルはこれまで、キャリアを順調に重ねてきた。

　NAI社に入社後、中心部門である自動車保険事業本部

にて、マーケティング部門で頭角を現した。その後、カスタマーケア部門の立ち上げ、海外事業のテコ入れなど、会社の主要プロジェクトを次々に成功させてきた。

その実績が認められ、昨年新設された新規事業創造部門に担当部長として任命された。

しかしこの1年間、これといった成果を出せずに苦しんでいた。競合他社は新規事業のための買収やスタートアップへの出資など派手なニュースを飛ばしている一方で、NAI社は新規事業について具体的な進捗が全くなかった。カイルは、職業人生で初めての挫折感を味わっていた。

そんな中で、最近、ひとつ大きな進展があった。

Autono Data Insu Tech（ADIT）社への出資と協業である。

NAI社は出資する側なので基本的には強い立場であるが、カイルにとって絶対に失敗できない交渉だった。この機会を逃すと、他にめぼしい新規事業のタネが手持ちにない。上司である新規事業担当役員は、信賞必罰で厳しい人として有名だ。この交渉に失敗してもいきなりクビになることはないだろうが、将来の出世に暗雲が立ち込めるのは確実だ。

不安になったカイルは、前に所属していた海外事業部時代の上司に相談することにした。

彼は米国の有名ビジネススクールでMBAを獲得した秀才で、海外事業強化のために同業他社の買収交渉をリードしたこともある。どんなことを質問してもいつも明確に答えをくれる、頼れる上司だった。

交渉力を上げる重要な5要素

前の上司：「やあ、カイル。元気にしてたかい？」

カイル：「ご無沙汰してます。体は元気なんですが、実は少し困っていて。相談があって連絡したんです」

　カイルは今回の交渉の背景を説明し、交渉力を上げるためにどうしたらよいか聞いた。

前の上司：「交渉力、か。実は私がMBAで行った大学では、『交渉』を専門とした研究チームがあったぐらい力を入れていたよ」

　その交渉研究チームでは、様々なパターンの交渉戦略や戦術を深掘りし、事例研究を行っていた。前の上司もMBA在学中に、体系立てた座学と多くのケーススタディで徹底的に鍛えられたようだ。

前の上司：「私の高校時代からの友人にシリアルアントレプレナーがいて、『交渉は学校で学ぶようなものではなくて、実戦経験がモノを言う』とよく言っていた。でも私が考えるには、実戦だけでは交渉パターンも回数も少なくて、世界中の知見が集まった体系立てた学びにはとても及ばないよ」

カイル：「その体系立てた学びを頼りにしてます。今回は交渉までに時間があまりないので、私がイチから交渉を学んでから対策するのは難しいのですが、何から準備したらよいでしょうか？」

前の上司：「確かに、今からMBAの交渉コースを半年受講していたら間に合わないね。交渉力を上げる方法についてはいろいろ学んだけど、次の5つが重要だと思う」

---

① 交渉の目的を明確にする。ブレさせない

② 交渉に関する情報を広く、深く、集める

③ 交渉前に集めた情報を分析し、洞察を得る

④ 交渉スキルを向上させる。ただし、技に頼りすぎない

⑤ 交渉のBATNAを理解し、相対的に強める

$$[交渉力] = \frac{\overset{②}{(情報量)} \times \overset{③}{(事前分析力)} \times \overset{④}{(交渉スキル)} \times \overset{⑤}{(BATNAの強さ)}}{\underset{①}{(交渉の目的からのブレ)}}$$

カイル：「この5つが重要なんですね。それぞれ具体的にどう準備したらよいか、教えてください！」

とにかくBATNAが大切

　カイルは前の上司の助けを借りて交渉の目的を明確にし、情報収集方法や分析方法、交渉スキルの向上方法を教えてもらった。

前の上司：「最後のBATNAが、実は交渉準備で最も大

切だよ。今回の交渉でのNAI社のBATNAは何かな？」

カイル：「こちら側のBATNAとして考えられるのはこんなところです」

a) ADIT社以外のスタートアップと協業する。ただし、ADIT社の競合でめぼしいところはすべてNAI社の競合と協業を始めており、小粒でぱっとしないスタートアップしか残っていない

b) NAI社自社でダイレクトプライシングの仕組みを作り、自社プロダクトを作る。これにはADIT社への出資を大きく上回る社内投資が必要で、さらに今からチームを立ち上げて開発を始めると3年程度、余計に時間がかかる

c) ダイレクトプライシングに関する新規事業は諦め、別の分野での新規事業を発掘する。ただし、現時点では他のタネは見つかっておらず、今年も進捗がないことになる

前の上司：「ADIT社のBATNAとして考えられるのはどういうものがあるだろうか？」

A) NAI社以外の自動車保険会社と協業する。ただし、国内の大手自動車保険会社はすべてADIT社の競合と協業を始めており、中堅以下の企業か海外企業と協業することになる

B) 自動車保険会社以外と協業する。配車マッチング企業が自社ユーザー向け保険を開発している。また、自動車製造企業が自動車のサブスクサービスを開発しており、サ

ービスの中に自動車保険も入っている

C) 資金調達はVC等のファイナンシャルインベスター（協業
などの事業上の成果を求めず、金融機関として最終的な
株式の売却益のみを求める投資家）から行い、自社でプ
ロダクトを開発する

前の上司：「通常は出資する側のBATNAが強いんだけど、
両者を見比べると、NAI社側はちょっと厳しい状況だね。
NAI社のBATNAを強化することはできないかな？」

カイル：「できそうなのはcです。新規事業のタネ候補
はいくつかあります。もっと具体化して、ADIT社と協
業できなくても別の新規事業ができるように、準備します」

　それから2週間後にカイルは、交渉準備万端で自信に
満ちたオーラを放つオリビアと、対峙することになるの
であった。

脚注：
＊1　**シリアルアントレプレナー：**スタートアップ企業を何度も立ち上げ成功
　　に導いた経験がある人。
＊2　**Exit：**企業を売却などして手放し、利益を得ること。
＊3　**エンジェル投資家：**個人でスタートアップ企業の主に初期段階に資金提
　　供する投資家のこと。エンジェルのように優しいとは限らない。
＊4　**Quick&Dirty：**多少乱雑でも、素早く片づけること。

交渉力の数式の解説

[交渉力]＝

(情報量)✕(事前分析力)✕(交渉スキル)✕(BATNAの強さ)
÷(交渉の目的からのブレ)

交渉力：交渉の目的を達成するための能力。交渉の目的は、交渉直後に得られる短期的な経済条件だけでなく、長期的な達成目標もある

交渉の目的からのブレ：交渉を始める前に設定した交渉の目的から、どれだけブレずに交渉できるか。目の前の勝ち負けや自分の感情に左右されずに、冷静に立ち戻って考え判断できるか

情報量：ビジネス交渉の当事者である自社と相手企業に関する情報すべてに対し、いかに広範囲で深い情報を入手できるか

事前分析力：得られた情報を、交渉戦略や戦術に対して示唆を与える形で分析する能力。定番の分析は必ず実施しておく

交渉スキル：交渉ミーティング等におけるコミュニケーション能力。ただし、使いすぎると相手から信用されなくなるので、注意が必要

BATNAの強さ：BATNAとは、Best Alternative To Negotiated Agreementの略。相手と合意できなかった場合の善後策のこと。自分側のBATNAが強い（善後策の価値が高い）場合、交渉決裂のリスクが小さいため強気に交渉できる。相手側のBATNAは不明な場合が多

いので、情報収集と事前分析で当たりをつけておく

交渉力を上げるには？

- 交渉の目的からのブレを減らす。交渉が始まるとどうしても熱くなって目的を忘れがちなので、紙や電子媒体に記録して見返す。交渉をチームで行う場合、交渉に関わる全員がこの目的を把握し、納得している状態を作ってから準備を始める。
- 情報量を増やす。ウェブサイトやIR資料、雑誌記事など公開情報はすべて集める。相手企業の元従業員、取引先、顧客などにインタビューし、生の情報を集める。業界エキスパートと議論して情報ソースを広げる。自社に関する情報収集も忘れずに。
- 事前分析力を上げる。定番の分析は必ず習得し、実施する。頭の中で分析するだけでなく、「紙に落とす」ことが重要。
- 交渉スキルを上げる。効果的なのは、模擬交渉を実施すること。相手側の役をやることで、自分の交渉戦略の穴が見えてくる場合が多い。ただし、交渉戦術を使いすぎると騙そうとしているような印象を持たれ、相手との信頼関係が構築できなくなる。相手が交渉戦術を使ってきた時のカウンター技を準備しておくに留めることがおすすめ。
- BATNAを強くする。相手と合意できなければ、自社は倒産してしまう、といった状況ではまともな交渉はできない。相手のBATNAを積極的に弱くすることが可能な場合は少ないが、相手にWhat-If質問（将来起きるかもしれない状況を設定し、その場合どうするか聞く質問）を投げかけ、相手のBATNAが強くないことを自覚させることができる。

交渉術

➔ 交渉術①：

ハイボール、ローボール

概要：交渉相手が交渉の初期段階で、過剰な要求をすること。価格条件に用いられることが多い。過剰に高い売却金額を要求するのが「ハイボール」、過剰に低い買収金額を要求するのが「ローボール」。

効果：過剰な要求でびっくりしてしまい、心理的に不利になる。また、無意識のうちに過剰に高い金額／低い金額が目安になってしまうアンカリング効果もある。妥当な金額が1,000円だとして、ハイボールで1,500円を最初に提示すると、最終的に1,100円になっても400円、25%以上も値下げさせ、得したように感じてしまう。

カウンター：こちら側の交渉目的によって、対応を使い分ける。
○反対のボール（ハイボールが来た場合はローボール）を投げて、効果をキャンセルする。ただし、相手が本当に価格が妥当だと考えている場合、不当に低い価格を言われたと感じ、交渉が決裂する可能性があるので、投げ方に注意する
○「なかなかのハイボールですね。で、本当のところはどのへんが落とし所とお考えですか？」と、いなす
○「そのような高い金額では合意できそうにもありませんので、お互いの時間を節約するためにも、交渉はここで打ち切りましょう」と、交渉打ち切りの脅しをかける
○ハイボール、と認識した上で、無視して次の話題に進める

→ 交渉術②：
良い警官／悪い警官（Good Cop / Bad Cop）

概要：交渉相手が二人組で、一方が厳しい要求・態度（悪い警官）をし、もう一方が柔らかな態度で取りなすような態度・言動（良い警官）をする。

効果：良い警官を自分の味方のように感じ、悪い警官による厳しい要求に対して、良い警官が提示する妥協案（のようなもの）が良い提案に思えてしまう。

例示：

悪　い　警　官：「この商品の値引きは一切できない！」

良　い　警　官：「まぁまぁ、そうは言っても相手の方も値引きの実績がないと会社の中での立場もないでしょう。ここはどうでしょう、うちも厳しいですが、0.5％の値引きをする、ということで…。私がこの人（悪い警官）も説得しますから」

あ　な　た：「（本当は５％の値引きを要求しようと思ったけど、この人（良い警官）も良くしてくれるみたいだから受け入れよう）わかりました。ありがとうございます」

カ ウ ン タ ー：相手が心理戦を仕掛けてきていると認識する。その上で、「こんな素晴らしい良い警官／悪い警官戦術は初めて見ました！ 交渉の教科書に載せて

もいいぐらいですね！」と、こちらが戦術を理解していることを明示的かつ茶化し気味に伝える。相手は白けてしまい、役を演じ続けることが難しくなる。それでも相手が同じ戦術を続けてくるようなら、「〇〇さん（悪い警官）とこちら側で見解の相違が大きいようです。一度、〇〇さんと1対1でお話しできますか？」と、悪い警官を良い警官から引き剥がす。

→ 交渉術③：
会社の決まりなので（Company Policy）

概要： 支払条件や配送条件、契約書の一部などについて、「これはウチの会社でこのように決まっていますので」と、交渉の余地がないかのように伝えてくる。

効果： 交渉ポイントを無条件に受け入れてしまう。

カウンター：
○受け入れられる条件の場合：
「では、あなたの要求するこれとこれを受け入れました」と伝え、受け入れた条件を箇条書きする。交渉の途中で、「こちらはこれとこれを譲歩したので、そちらもこれについては譲歩してください」と取引の材料にする。

○受け入れられない条件の場合：
　「それは御社の都合ですよね」と伝え、普通に交渉する。

→ 交渉術④：
刑事コロンボ/古畑任三郎（Detective Columbo）

概要：交渉ミーティングが終わった後に、交渉そのものではないが、相手の本音を引き出す質問をする。

効果：交渉ミーティングが終わって精神的に解放され、ホッとしてつい本音を漏らしてしまう。

例示：「ミーティングお疲れ様でした…。あ、最後に１つだけ聞いていいですか？　今回の出資が決まった後、どんな状態になるのがあなたにとって理想ですか？」

対策：交渉の際は、交渉ミーティングが終わっても交渉が続いていると気を張り、緊張を解かない。交渉ミーティング後に会食などがある場合でも交渉の一部だと認識し、会話の準備をする。

儲け続ける企業がやっている、ずるい経営術 ――［企業が継続的に儲ける力］の数式

> ここで紹介する数式の左辺
>
>
>
> **❶ 企業の儲け力**
>
> 企業が継続的に安定して儲けを出す能力
>
> **❷ 企業の新規事業創造力**
>
> 新規事業をいくつも創造し、それを継続することで企業を成長させる能力
>
> **❸ ビジネスモデルの継続性**
>
> 企業が儲けているビジネスモデルを、競合に真似されず、顧客やサプライヤーに利益を吸い取られず、いかに長く保てるか、の能力

　世界中で、いろんな企業がビジネスをしています。

　ほとんどすべての企業は「お金を儲けよう」と思って運営されているのですが、儲かっている企業もあれば、そうでもない企業もあります。儲かっている企業の中にも、たまたま儲かっているだけで長続きしない企業もあれば、継続的に儲けている企業もあります。

　継続的に儲けている企業とそうでない企業は、何が違うのでしょうか？

　「あの企業は営業力が優れているから、継続的に儲けを

出している」

「あの企業はヒット商品に恵まれたから、たまたま儲け
を出しているだけだ」

「あの企業は積極的に技術に投資して新規事業を生み出
し、競合他社を引き離している」

「あの企業は圧倒的な強みを持っているので、ビジネス
モデルが確立している」

　どれももっともらしく聞こえるのですが、いろいろな
人がいろいろなことを言っていて、何が正しいのかわか
らなくなります。数式で「企業が儲ける力はコレだ！」
と、バシッと示せるとわかりやすいのですが。

　なお、この項で紹介する数式は、あくまでも私が仕事
仲間と雑談した内容を紹介するものです。

　そのため、経営学的な裏付けや統計的なデータはあり
ません。数式の使い方、という観点で読んでいただけれ
ば幸いです。内容的に間違っている、他の例がある、な
どの指摘があれば、ぜひ筆者までご連絡をお願いします。

企業が継続的に儲けることができる メカニズムってあるのだろうか？ [企業の儲け力]

　私が仕事仲間の木村さん、工藤さんと３人で雑談して
いた時に、木村さんがふとした疑問を口にしました。

木村さん：「儲けてる企業とそうでもない企業の差って

大きいよね。儲けるための方法があれば、みんなそれを
マネすれば儲かるはずだけど、そうはなってないし…。
どうやったら儲けられるようになるんだろうか？」

森：「［企業の利益］＝（売上）－（コスト）だから、売上
をいっぱい上げてコストを下げれば、儲かるようになる
んじゃないの？」

木村さん：「そりゃそうだけどさ。私の疑問は、どうや
ったら継続的に売上を上げて、継続的にコストをあまり
上げないようにできるか、ってこと。たとえば、ヒット
商品を開発して売上を上げても、研究開発費や販売管理
費でコストが高止まりしてたら、ヒットが下火になった
時に儲からなくなるよね。一方で、研究開発のための優
秀な人材をちゃんとした給料でつなぎとめておかないと、
次のヒット商品を作れない。世の中の儲かっている企業
は、どうやって高い利益を上げ続けているんだろうか」

工藤さん：「これは他の人から聞いた説なんだけど、［企
業の儲け力］って３つの要素に分解できるらしいよ」

　工藤さんは紙に数式を書いて、私たちに見せました。

［企業の儲け力］＝
（タレント）✕（アービトラージ）✕（レバレッジ）

木村さん：「うーん。この数式だけ見てもよくわかんな
いな。もう少し説明してよ」

　工藤さんは、右辺のそれぞれの要素について、説明し

てくれました。

タレントとは、良い人材を集めて、その人たちに能力を最大限に発揮してもらう企業の仕組みのことです。人材＝タレントの力を集めて発揮させる、まさに組織運営の最重要な力です。

アービトラージとは、他の市場、他業種や海外などで起きている動向やベストプラクティス（好事例）を、自分や顧客の市場・業界にうまく適用する仕組みのことです。もともとは金融業界で使われている言葉で、裁定取引のことです。たとえば、同じ純金でも日本の価格がアメリカの価格よりも安い瞬間があり、そのタイミングで日本で純金を買ってアメリカで売れば利益が出ます。その裁定取引の情報版、ということです。

レバレッジとは、成功しそうなビジネスを倍速、３倍速、時には20倍速で伸ばすための仕組みのことです。この言葉も金融業界で使われているもので、テコを効かせる、とも言います。自己資金が20しかなくても、80を借金して100の商品を買うと、５倍のレバレッジがかかります。成功すれば成果が５倍になります。ただ、同時に失敗のリスクも５倍になりますが。

工藤さんが聞いた話では、典型的な儲けている企業はすべて、この３つの力が強いそうです。

121

木村さん：「なんとなく意味はわかったけど、具体的にはどういうことなんだろう。事例とかある？」

工藤さん：「えっと、私も人から聞いた理論だから、あんまり詳しくないんだけど…。一緒にブレスト（ブレインストーミングの略。いろいろ考えを出し合って、新しい解決案などを生み出す手法）してみよっか」

　それからしばらく、木村さん、工藤さん、私の3人で、［企業の儲け力］を上げるための3つの力について考えてみました。

➡ タレント…人材を集めて力を発揮させる

・能力が高く、かつ、その企業にフィットする人材を採用し、その人たちにモチベーション高く働き続けてもらい、スキルアップしながら能力を発揮して結果を出してもらう仕組み。

・組織のタレント力を向上させるために、まずは優秀な人をどんどん採用する仕組みが重要。就職したい企業ランキングの上位に居続けられれば、優秀な人がどんどん応募してくれる。出身大学にリクルーターを派遣したり、採用プロセスにインターン制度を取り入れたり、企業イメージを向上させるテレビCMを打ったり。採用を人事部門だけに任せず、全社員が取り組んでいる企業は採用力が強い。

・次に、採用した優秀な人がモチベーション高く働き続けた

くなる仕組み、が重要。「モチベーションを上げろ！」と言われてモチベーションが上がる人はいないので、いろんな施策を実施する必要がある。アメでモチベーションを上げる方法と、ムチでモチベーションを上げる方法がある。ミッション、ビジョン、バリュー[*1]に共感してもらう、各社員のやりたいことと仕事の内容をできるだけマッチさせる、「将来こうなりたい」というロールモデルとなる人と一緒に仕事をする、会社の雰囲気を良くする、オフィスをかっこよくする、給料・ボーナスを高くする、出世競争させる、人事評価を厳しくして下位10％を常に解雇する、など、いろんな方法がある。

・採用した優秀な人がさらに優秀になるように、どんどんスキルアップしてもらう仕組みも重要。成長の機会をふんだんに提供する。座学でのトレーニングとOJT[*2]をバランスよく組み合わせる。丁寧に育成することも大切だが、修羅場なプロジェクトに放り込まれたり、1ランク・2ランク上のポジションの仕事を任されたりすると、急激に成長する場合もある。また、失敗から学ぶことも多い。赤字ぎりぎりの企業だったり、四半期目標を達成するためにリソースがカツカツだったりすると、失敗を許容する余裕がない。そのため、スキルアップしてもらう人が失敗しても企業活動に支障がないような余裕がある企業が、さらに人を育てることができる場合が多い。

・モチベーション高くスキルアップし続けている人が退職し

ないような仕組みも大切。社員旅行などのイベントで社員同士の人間関係を深くする、社員の家族も会社のイベントに招待してさらに人間関係を深くする、社員食堂などの福利厚生を他社にないぐらい充実させる、副業を認めたりボランティア活動のための休暇を与える、退職金制度により早く退職すると経済的に損になるようにする、退職した人のことを業界から締め出す、などの方法が考えられる。

➡ アービトラージ

…他でうまくいっている〝仕組み〟を取り入れる

・自分がいる市場の外の情報を活用し、ビジネスをうまくいかせる仕組み。他業種で起きている動向、海外企業による好事例などを、自社の状況にアレンジして使う。他業種や海外ではすでに陳腐化している情報やアイデアでも、自業界や自国に持ってくると価値が出る可能性がある。業種や国を変えると価値が変化することから、アービトラージと呼んでいる。アービトラージをうまく使って経営することを、「タイムマシン経営」と呼ぶこともある。

・当然だが、他業種と自分の業種では状況が異なるので、他業種で行われていることをそのまま適用するのではなく、自業種の状況に合うようにヒネリを加えることに頭を使う。たとえば、航空業界や宿泊業界で使われているダイナミックプライシングを自社製品に適用したらどうなるか。UberやAirbnbのようなマッチングサービスを自分の業界

で提供しようとしたらどんな形になるか。自社製品を販売するのではなく、使用する権利をサブスクで売ったらどうなるか。いろいろな思考実験をすると、新しいアイデアが生まれてくるかもしれない。

・昔のビジネスコンサルタントがよくやっていた手で、海外企業がやっていてうまくいっていることを輸入して適用する、というものがある。ただ現在では海外情報もすぐ手に入るので、単純に海外事例を導入するだけでは価値が出にくい。海外での成功事例を要素分解し、自国にそのまま導入すべき要素と、自国の状況に応じてアレンジすべき要素を切り分け、適用する必要がある。

→ レバレッジ…テコを効かせて成功を加速させる

・「このビジネスは成功しそうだ！」と判断できたタイミングで、成功の果実を何倍にも増幅させる仕組み。ヒト・モノ・カネのリソースは限られる中で、テコの原理を働かせて、少ない投入リソースから大きな成果を得られるようにする。

・ヒトをレバレッジする。たとえば、スキル向上を指導するトレーナーを育てるトレイン・ザ・トレーナー方式。同じ顧客に複数の商品を販売するクロスセル。航空機の機種を１つに絞ってパイロットやメンテナンスエンジニアのトレーニングを減らす。これらはすべて、ヒトリソースを投入して得られる成果を倍増させるためのレバレッジ方法。

・モノをレバレッジする。たとえば、同じ製造装置で別の製品を作れるようにする、同じ店舗を昼と夜で別業態のレストランにする、繁忙期に価格を上げるダイナミックプライシング[*3]。これらはすべて、モノリソースを投入して得られる成果を倍増させるためのレバレッジ方法。

・カネをレバレッジする。自己資金だけでなく借金して投資する。レバレッジをかける、と言えば、これが基本。

木村さん：「なるほどね。[企業の儲け力]の式、いろんな企業に当てはめて使えそうだね。たとえば外資系金融は、タレント、アービトラージ、レバレッジ、どれも高い。外資系コンサルは、タレントとアービトラージは高いけど、レバレッジがあんまり効いていない。どうしてもコンサルタントの数に成長と成果が制限されてしまうからね」

工藤さん：「だから、ITとからめてレバレッジが効くようにしているコンサル企業が多いのか！」

手数をいっぱい出して 儲け続けている企業もある [企業の新規創造力]

　一方で、手数をいっぱい出していくつも新規事業を創造し、それによって成長を続けて儲けている企業もあり

ます。そういった企業も前述の式で表せなくはないですが、別の式のほうが儲け力を把握しやすそうです。

工藤さん：「新規事業創造の力を見たらいいんじゃないかな。これも他の人に教えてもらった式だけど…」

> ［企業の新規事業創造力］＝
> （挑戦する手数）✕（見極めスピード）
> ✕（熱いリーダー）

　また３人で、［企業の新規事業創造力］を構成する要素について議論しました。

→ 挑戦する手数…新規事業を立ち上げる回数

・新規事業を成功させたければ、新規事業案を考えるだけでなく、実際に計画を実行に移し挑戦する数を増やす必要がある。とにかく挑戦する数を増やす。新規事業の成功確率はセンミツ（1000回挑戦して成功するのは３回）とも言われており、成功することは稀。だから挑戦する母数を増やす。

・新規事業創造において、じっくり情報を集めて深く考えて計画してから実行に移す、というのはあまり成功に結びつかない、ような気がする。実行しながら、失敗しながら学ぶことが多い。新製品・新サービスを提供し始めないかぎり顧客はニーズに気づかない。事業環境が変化し続けている中で成功への道筋も変動している。

・挑戦する文化、失敗を称える、まずやってみる、など、手数を増やそうと努力している企業は多いが、実際に手数を増やすのは難しい。どんなに「失敗を称える、失敗から学ぶ」と言っても、失敗した人は組織内でなんらかの見えない罰を受けることが多い。失敗して給与が下がったり降格したりすることはないにしても、別の部門に異動になったり、組織内の評判が悪くなったり、次の挑戦がしにくい空気になったりする。失敗した本人は心が傷つき、次の挑戦に対して縮こまり、退職してしまう人もいる。

・そんな中で、実際に挑戦の手数を増やしている企業はさまざまな工夫をしている。有名なところでは、人材情報系企業、情報革命企業、医療系ITプラットフォーム企業など、挑戦する手数を増やすための仕組みを導入して、実際に多くの挑戦をしている。企業の「中の人」と実際に会話すると、「失敗するとなんらかの減点をされる企業で働いている人」と「挑戦して失敗して、また挑戦する、ことがあたり前の企業で働いている人」との違いが大きいことに気づく。

→ 見極めスピード…成功か失敗か、早く決める

・挑戦して失敗してもいいけど、企業を危機に陥らせるような失敗はしてはいけない。そうでないと、次の挑戦ができなくなる。一方で、成功しそうになったら一気にリソースを投入して勝ち切らなくてはならない。競合企業がマネしたり顧客やサプライヤーが対応したりして、成功させるの

が難しくなってしまう。このまま続けるべきか、やめるべきか、リソースを一気に投入するべきか、なるべく早い段階で見極める。

・早い段階で見極めるのに、多くの企業で苦労している。その挑戦をしている担当者が状況について一番詳しいはずだが、担当者自ら「失敗です」とはなかなか言えない。いかにうまくいっているか、もしくはもうすぐうまくいくようになるのか、の説明資料作りに時間をかけてしまう。

・見極めのために数値指標を取り入れている企業が多い。ただし、NPV（Net Present Value の略。将来得られる利益やお金を現在の価値で評価する方法）や、ゲート管理（新規事業の成長段階を定義しておき、次の段階に進めるかどうかを責任者や会議体が門番として判断する方法）による新規事業プロジェクトのポートフォリオ管理など、複雑な指標や仕組みを取り入れて成功しているところは少ない気がする。一方で、成功している企業は、ウェブサイト訪問者のうち詳細情報をクリックした人の数など、わかりやすくてすぐ測定でき、なるべく毎日フィードバックが得られるような指標（KPI〈Key Performance Indicator〉）と呼ばれることもある）を使っている場合が多い。うまくいっているかどうかをなるべく早く、毎日、毎時間、簡単にモニタリングできる仕組みが望ましい。

・早く見極めるための別の方法として、「経営者の勘」とい

うものもある。経営者がこれは続ける、これはやめる、これにはもっと投資する、とバンバン決めていく。「勘」と言うとランダムに決めているようにも聞こえるが、実際にはいろんな情報を集め、これまでの経験や知見をふまえて、考えて判断している（と思われる、たぶん）。ある意味、パターン認識ＡＩのようなもの？

→ 熱いリーダー…新規事業を進める人の情熱

・新規事業はほぼ100%、スムーズに成功することはない。何度も危機に直面する。新規事業のチームメンバーの間にも諦めムードが広がり、挫けそうになり、何をやってもうまくいかなくなる。そんな時、熱い情熱を持ったリーダーがチームメンバーを鼓舞し、１人でも多く顧客を得る、発売日に開発を間に合わせる、とにかくやり切る、ことで、新規事業の次の展開が見えてくる。やり切る前に諦めると、何が課題だったかが見えてこない。失敗して次の挑戦をするにしても、失敗の真因がわからない。学びがなく、次の挑戦の成功確率が低いまま。

・過去に新規事業を成功させたことがある人が重宝されるのは、成功の経験そのものよりも、新規事業が失敗しかかった時にチームを率いた経験やスキル、そして情熱が評価されているから。

・リーダーが熱い情熱を維持する根拠は何だって良い。新し

い製品で世の中を良くしたい、でもよいし、この事業を成功させて大金持ちになりたい、でもよい。そのリーダーが本当にやりたいことにマッチしていれば。

・熱いリーダーを一企業の中に何人も持つのは簡単ではない。新規事業を立ち上げるような熱い情熱を持ちスキルもある人は、自分の企業を立ち上げるために退職してしまう。企業内で新規事業創造のリーダーとしてスキルを磨き、一定期間在籍したら卒業してもらう、という仕組みを導入している企業もある。

新規事業は成功すると売上・利益が大きく成長してかっこいいのですが、実際には成功確率は低く、新規事業を連続して成功させている企業は少ないです。

一発屋にならず、ずっと儲け続けている企業は何が違うのか [ビジネスモデルの継続性]

木村さん:「しかも企業としては一発成功させるだけじゃなくて、何度も成功させないといけないからね。昔は新規事業を成功させて儲かってたんだけど、今は苦戦している企業もいっぱいあるよね。儲ける力の継続性に注目するとどんな式があるだろうか?」
森:「それなら、私は最近、こういう視点で企業を見てます」

> [ビジネスモデルの継続性] ＝
> (儲ける仕組み) ✕ (差別化要素)
> ✕ (前者２つがどれぐらい離れているか)

工藤さん：「最初の２つの項目はわかるけど、３つ目の（前者２つがどれぐらい離れているか）ってどういう意味？」

儲ける仕組みとは、企業が利益を得る仕組みのことです。製品やサービスを売るのが基本です。ただ実際に個別の企業について、どの製品・サービスで主に利益を上げているかは、あまり知られていなかったりします。日本や欧州の自動車会社の中で、利益の50％以上が実はアメリカや中国の市場から来ている企業があったりします。

差別化要素とは、顧客がなぜ競合ではなくその企業から製品・サービスを購入するのか、ということです。自動車の例だと、燃費がいい、車体価格が安い、安全性が高い、ブランドイメージが良い、などです。

そして、この２つが離れていると、そのビジネスモデルを真似しづらいのです。

優れた商品を作って売って、それで儲けている企業があったとします。そのこと自体は素晴らしいのですが、その商品で儲かってることが競合他社に知れ渡ると、その商品のコピー品がどんどん出てきます。そうするとオ

リジナル品の品質を上げてコピーされにくいようにするのですが、コピー品の品質もどんどん上がっていって、顧客にとってはどちらも大差ない状態になっていきます。そして、最初儲かっていた優れた商品を作っていた企業は、だんだん儲からなくなっていきます。

　これがなぜ起こったかというと、儲ける仕組みと差別化要素が一緒だったから真似されやすかったからです。逆に、**儲ける仕組みと差別化要素が離れていると、真似しづらい**ようです（以下の記述は雑談した内容を記したもので、該当する企業にヒアリングをしたわけでも、フィールド調査などをしたわけでもありません。確認が取れていない印象レベルの話として捉えてください）。

例1 大手小売コングロマリット企業

・（儲ける仕組み）は不動産事業や金融事業。

・（差別化要素）はスーパーマーケット事業。

・スーパーマーケット事業の利益率は低いが、不動産事業や金融事業で利益を稼いでいる。スーパーマーケット事業を売却したりしてやめたほうが利益率が高くなるような気がするが…。

・実際には、スーパーマーケット事業により不動産事業や金融事業の競合差別化ができている。

　○**不動産事業：**辺鄙な場所にショッピングモールを建てても自社のスーパーが入居し、一定数の買い物客を引き寄せてくれる。そのため、ショッピングモールに出店した

いテナントが増える。テナントが増えるので不動産事業の収益が上がる。スーパーマーケット事業が他企業の場合、ショッピングモールを建てるたびに入居条件や店舗面積、フォーマットなどを交渉する必要があり、意思決定に時間がかかって出店が遅れたり土地を競合他社に取られてしまう可能性がある。

○**金融事業**：スーパーマーケットに定期的に買い物に来る顧客には守るべき家庭がある人が多く、借金してもちゃんと返済する可能性が高い。貸し倒れ率は金融事業で管理しなくてはならない重要指標の一つ。貸し倒れ率が低い優良顧客群をスーパーマーケット事業を通して得られるため、競合他社より良い条件を顧客へ提供し、高い利益率を実現できる。

例2 大手半導体企業

・（儲ける仕組み）は半導体やサーバーの販売。

・（差別化要素）は半導体を設計するための社外ネットワークを含めた仕組み。

・半導体の設計や製造、販売については競合他社大手が多数存在し、新しい設計方法を開発して提供するスタートアップも多い。そのような環境で、この企業は圧倒的に儲けて圧倒的に差別化されている。なぜ顧客は、価格が低い競合他社や、臨機応変に対応しリードタイムも短いスタートアップの半導体を使わないのか？

・AI関連の開発コミュニティを育て、AIに使う半導体はす

べてこの企業のものを使うという前提で多くの最先端の研究開発が進められている。半導体が多少高価でも、リードタイムが多少長くても、この企業の半導体を使うことがスタンダードになっているため、競合他社の半導体が選ばれない。

例3 大手ネット小売企業

・（儲ける仕組み）はITサービスや年会費。
・（差別化要素）は物流やITなど巨大インフラを構築し運営する能力。

・ネット小売を実現するためのインフラ、商品を集めて倉庫に保管し発注を受けて顧客に届ける物流、繁忙期でもサーバーが稼働するように設計、構築し運営するITシステム、などが、他のネット小売からの差別化要素になっている。そのため、注文したその日に届いたり、配送料が無料になったり、ギフトシーズンや割引期間でもストレスなくネットショッピングできたりする。
・一方で、小売はそんなに儲かる業態ではない。ネット小売に必要なインフラ構築力でサービスを作り外販している。インフラ構築能力そのものを売るのではなく、インフラ構築能力を使って実現できるサービスを売るのがポイント。
・競合他社はインフラ構築能力を新たに身につけようと思っても、すでにネット小売の巨大市場が押さえられてしまっているので、なかなか追いつけない。

135

森：「（儲ける仕組み）と（差別化要素）が一緒だと、儲けているところを真似すれば他社も儲かるようになります。だけど、（儲ける仕組み）と（差別化要素）が離れていると、儲からない差別化要素の部分を真似しないと儲かるようにならないので、よっぽど本腰を入れて真似しようとしないと、ビジネスモデルをコピーできません。例1の話だと、金融ビジネスや不動産ビジネスで儲けるために、まずスーパーを作りましょう、というのは、組織スキルの面でも投資資金の面でも、かなりハードルが高いです」

工藤さん：「なるほどね。そんな見方はしたことなかったけど、確かにそうだなあ。他にも（儲ける仕組み）と（差別化要素）が離れている企業があるかもしれない」

　カフェや飲み屋での雑談で、ビジネスモデルの話題を数式を使ってする人は少ないかもしれません。でも今回のケースでは数式を使うことで、議論がより深まり、少なくともこの3人には楽しい会話になりました。次にあなたがカフェや飲み屋で友人と雑談する時に数式を使えば、話がもっと盛り上がるかもしれませんよ。

第2章 他で頑張っても、「ゼロ」を掛けたら結果はゼロ！

脚注：
* *1 **ミッション、ビジョン、バリュー**：ミッションは、会社が存在する意義、目的、パーパスのこと。なぜその会社は存在し、どう世の中に貢献するのか。ビジョンは、会社が現在・将来でありたい姿。こういう状態でビジネスをしていたい、こういう状態を目指したい。バリューは、会社で働く人の価値観。差し迫った状況の時、何を心の拠り所として意思決定するのか、何を優先するのか。
* *2 **OJT**：On the Job Trainingの略。実際に仕事をする中で、スキルアップしていく仕組み。仕事の途中で適切なフィードバックを与えることで、経験しながら学び、座学で学んだことが血肉化されていく。
* *3 **ダイナミックプライシング**：顧客の申し込みや利用状況に合わせて、価格を動的に（ダイナミックに）変動させるやり方。

企業が継続的に儲ける力の数式の解説

❶ [企業の儲け力] ＝
（タレント）✕（アービトラージ）✕（レバレッジ）

企業の儲け力：企業が継続的に安定して儲けを出す能力

タレント：良い人材を集めて、その人たちに能力を最大限に発揮してもらう仕組み

アービトラージ：他の市場（他業種や海外市場など）で起きている動向や好事例を、自分や顧客の市場・業界に活用する仕組み

レバレッジ：成功しそうなビジネスを倍速で伸ばすための仕組み

❷ [企業の新規事業創造力] ＝
（挑戦する手数）✕（見極めスピード）
✕（熱いリーダー）

企業の新規事業創造力：新規事業をいくつも創造し、それを継続することで企業を成長させる能力

挑戦する手数：新規事業に挑戦する数

見極めスピード：新規事業が成功しそうか失敗しそうか、早い段階で見極める能力

熱いリーダー：新規事業が危機的な状況でもチームを励まし、先頭に立って推進する人材

❸［ビジネスモデルの継続性］＝

（儲ける仕組み）✕（差別化要素）
✕（前者2つがどれぐらい離れているか）

ビジネスモデルの継続性：企業が儲けているビジネスモデルを、競合に真似されず、顧客やサプライヤーにも対応されず、いかに長く保てるか、の能力

儲ける仕組み：利益を出すための仕組み

差別化要素：競合ではなくその企業から、顧客が製品やサービスを買いたくなる・買わざるを得なくなるような仕組み

前者2つがどれぐらい離れているか：離れていれば、競合他社が真似しづらく、同じビジネスモデルをより長く継続できる

マ○○○ゼー流、分析の極意──[分析力]の数式

ここで紹介する数式の左辺

▼
▼

分析力

意思決定をするために役に立つ、示唆に富んで切れ味の良い分析を短期間で効率的に実施するための能力

　ビジネスの様々な場面で、「分析」が用いられます。
　なぜ分析が用いられるのでしょうか？　それは、より良い「意思決定」をするためです。意思決定とは、次に起こす行動を決めることです。

＊

　あなたが、家族と住むための中古住宅の購入を検討していると仮定します。
　ある程度情報を集め、住宅A、住宅B、住宅Cの3つの候補まで絞り込みました。この3つから選ぶために、何をするでしょうか？　集めた情報を使って分析するはずです。
　では、どんな分析をするとよいでしょうか？

まずは、あなたが住宅を選ぶ際に重視する項目ごとに、3つの候補を比べてみましょう。価格、駅からの距離、買い物などの利便性、通勤・通学時間、近所の人の雰囲気、駐車スペース、築年数、内装の状況、災害の危険性…。

さらに、過去10年間で土地の価格が値上がりしたかどうか、周辺の人口は増えたか減ったか、など、過去と現在を比べる分析も有効です。将来の自分の世帯の年収推移とローンの返済金額、世帯の将来の出費をシミュレーションして、返済に無理がないか、将来の分析も必要です。

住宅の購入は、一生のうちで何度もない大きなイベントで出費も大きいので、真剣にいろんな角度から分析して決めたいと思うでしょう。あなたに十分な「分析力」があれば、どの住宅を購入するかの意思決定は、正確に、迅速に、納得して行えるはずです。

ビジネスでも、**適切な分析を行えば、意思決定の精度が高まります**。「分析力」は、ビジネスで成功するためには必須のスキルです。

ただ、○○分析というのが世の中にはいっぱいあって、どんな分析をしたらよいか、何を選んだらよいのか、分からない場合も多くあります。また、この分析をしよう、と決めても、その分析の深みや切れ味によって、意思決定に影響が出てくる場合もあります。

イケてるビジネスパーソンになるために、どのようにして「分析力」を高めたらよいのでしょうか？

そもそも、分析、とは何か？

　私は仕事でもプライベートでも、スタートアップ企業を支援する活動をしています。そのため、スタートアップ企業の経営陣の方から、いろんな相談をされることがあります。

　この相談は、中小企業向けのIT製品を開発し販売しているスタートアップ企業のCEO、剣持さんからされたものでした。

剣持さん：「森さん、ちょっと相談したいことがあるんです。弊社は5か月前にプロダクト（IT製品）のバージョン2をリリースしてから好調に売上を増やしてきていたのですが、最近売上が伸び悩んでいて…」

　剣持さんは、売上が伸び悩んでいる対策として、プロダクトを再度テコ入れするか、営業人員を増やすか、プロモーション（宣伝）に投資するか、迷っていました。

　大企業であれば、全部の手を打ったらいいのかもしれませんが、剣持さんの会社はまだ規模の小さいベンチャー企業。お金も人も足りず、現実的にはどれかを選んで、投入するリソースを集中する必要があります。

　剣持さんは、とりあえずプロダクトのテコ入れをしようと考えていたようです。どんな改善をするべきか既存の顧客に聞いたところ、いろんな改善要望が出て、何が本当のニーズかわからなくなってしまったそうです。

剣持さん：「顧客の真のニーズを把握するためにはどうしたらよいか、相談したいのです」

森：「どれかに集中して取り組むのは良い考えだと思います。スタートアップの最も重要なリソースはCEOの時間、とも言われますし。剣持さんの時間を、選択した活動に集中的に投下すれば、比較的短期間で成果も出やすいと思います。ただ今の時点では、『プロダクトの改善をする』がベストの策かどうかはわからないんじゃないですか？　もう少し分析するべきです」

剣持さん：「分析、ですか…。いろいろ調査したり、データを集めたり、資料を作ったりする時間があったら、とりあえずやってみて、結果を見てみるほうが効率的だと思うのですが」

　確かに、準備にも時間がかからず結果が短時間で出るような策であれば、とりあえずやってみる、というのも良い手でしょう。たとえば、ウェブのABテスト[*1]のようなものであれば、やってみて結果を見てから続けるかやめるか決めるほうが効率的な場合もあります。

　ただし今回の場合、製品の改良には数か月かかります。改良して結果が出ない場合、失う時間や経費、またその期間の機会損失が致命的になる可能性もあります。

森：「分析にたくさん時間をかける必要はないですが、数日で答えを出せるようであれば分析してから意思決定することをオススメします」

剣持さん：「では、どんな分析をしたらよいでしょうか？　というか、そもそも、分析、って何ですか？」
森：（おや？　この質問、聞いたことあるなぁ）

　私は、コンサルタント4年目の頃を思い出していました。私の隣のデスクだった先輩コンサルタントの小池さんに対して、1年目の新人コンサルタントが全くおんなじ質問をしていました。

　その当時、私はコンサルタントになって4年目、分析や資料作成がそこそこできるようになっていました。
　私のデスクの隣には、キレキレの分析をすることで社内でも有名な先輩、小池さんのデスクがありました。新人コンサルタントがよく小池さんのデスクに来て、プロジェクトの進め方の相談をしたり資料内容についてのフィードバックを受けたりしていました。
　小池さんの指導は厳しいのですが、内容は常に的を射ていました。私も自身のスキルアップのために、自分の作業をしながら漏れ聞こえてくる指導内容に耳を傾けることがよくありました。

新人コンサルタント：「○○分析をしたところ、こういう結果になったので、こういうメッセージが言えると思います」
小池さん：「本当にそうかな？　というか、ここで○○分析を選んだのはどうして？　○○分析である必要がよく

わからないのですが」

新人コンサルタント：「実は、どんな分析をしたらいいのかよくわからなくて…。そもそも、分析、って何ですか？」

小池さん：「分析、とは、『**分けて比べる**』ことだ」

　私は横で聞いていて、こんな短い文で本質を即答するのは、さすが小池さんだ！　と思いました。

　定量的な分析や定性的な分析、世の中にはいろんな分析があります。よく使う分析には名前がついていたりします。どれも基本的に「分けて比べる」ことで洞察を得るものです。売上の年次推移、のような単純なものでも、年度ごとの売上に分けて、年度別に比べているわけです。

情報を集める前に、仮説を立てよう

剣持さん：「分析は『分けて比べる』ということはわかりました。では、その分けるためのデータや情報をとにかく集めないといけませんね」

森：「もちろん、とりあえずざっくり情報を集めて大雑把な傾向を把握する、というアプローチもあります。ただ今回は剣持さんの会社の売上の話なので、剣持さんは分析の仮説を立てるための基礎情報や知見をお持ちのはずです。情報を集める前に、仮説構築をしましょう」

　剣持さんは、仮説構築、と言われても、何をしたらよいか、よくわかっていないようでした。

仮説とはその漢字の通り「仮の説」のことです。今回の場合だと「なぜ剣持さんの会社の売上が伸び悩んでいるか」を説明する理由の候補のことです。

「仮説なんてただの妄想でしょ。何の役に立つの？」とか、「仮説があるとそれが先入観になって本当の理由が見えてこない」とか、言う人もいます。

　しかし、仮説があることで分析に必要な情報に当たりをつけることができ、短時間で効率的に情報収集できます。ビジネスの世界では意思決定までの時間が勝負を決めることが多いので、**なるべく早く分析を行って意思決定するために、仮説を立ててから情報収集することが有効**です。

　剣持さんと議論しながら、「なぜ会社の売上が伸び悩んでいるか」の理由の候補、仮説を列挙しました。

----

a) プロダクトの改良が十分ではなく、顧客が競合製品を購入しているから（剣持さんの最初の仮説）

b) プロダクトの改良が十分ではなく、また競合製品も十分ではないため、顧客が購入を見送っているから

c) 顧客の需要が一巡し、該当プロダクトを新規導入する見込み顧客が市場に少なくなったから

d) 競合よりプロダクトの価格が高く、競り負けているから

e) 見込み顧客から引き合いが来てもその後のセールスプロセスのどこかが悪く、取りこぼしているから

f) 見込み顧客に十分アプローチできていないから

次に、これらの仮説がもし正しいとしたら、どんな情報やデータがあれば立証できるか、という観点で必要な情報に当たりをつけました。

たとえば、市場全体の月ごとの売上数値を入手して、市場全体の売上も最近伸び悩んでいることを示せれば、bやcの可能性が高まります。剣持さんの会社のプロダクトのシェア推移のデータを入手し、最近シェアが落ちているということが示せれば、a、d、e、fの可能性が高まります。失注分析（商談したけれど失注したケースの原因分析）とどの競合のシェアが増加しているかの分析を組み合わせれば、dやeの理由が上がってくるかもしれません。失注がないのにシェアが落ちているのであれば、fの可能性が高まります。

ということで、当たりをつけた情報を集めて分析しよう、ということになりました。

→分析力を上げるために、仮説構築力を上げる。仮説構築とは、筋の良い「仮の説」を作ること

情報は足で探せ、というのも悪くないアプローチ

仮説の立証に必要な情報は、市場全体の売上データ、競合シェア推移データ、失注理由ごとの件数、などでした。どれも入手するのは簡単そうです。剣持さんが１週

間かけて情報を入手し、再度議論することになりました。

　1週間後、剣持さんは困った顔をしてミーティングに現れました。

剣持さん：「森さん、情報が、データが、ないんです。やっぱり分析なんかしないで、決め打ちで対策を進めたほうが早いんじゃないでしょうか？」

　実は、これは予想された結果でした。市場全体や競合のデータは、簡単に入手できない場合が多いのです。

　基本的な分析として「３Ｃ分析」をする方も多いと思います。Customer（顧客）、Competitor（競合）、Company（自社）の情報・データを集め、傾向や課題を分析します。ただし、顧客や市場のデータは手に入らないことも多く、競合のデータはもっと手に入りにくいです。

　剣持さんが集めようとしたような市場全体の売上データや競合シェア推移データは、業界にもよりますが、手に入れられる可能性は低いでしょう。競合が上場企業の場合はある程度推定できますが、それでも個別の製品カテゴリーの月別推移を入手するのはかなり難しいです。剣持さんの会社の競合は非上場企業が多いため、産業スパイでもしないかぎり正確なデータの入手は困難でした。

　さらに、失注理由ごとの件数などの失注データは会社のＳＦＡ（Sales Force Automation）ツールに登録されてはいましたが、中身を見ると「総合的に検討し他社を選択」、

「不明」など、分析する上では使えないデータばかりでした。成長中の会社のあるあるです。

私はこの時また、キレキレコンサルタントの小池さんが新人コンサルタントに行っていた指導の言葉を思い出しました。

新人コンサルタント：「必要な情報がなかなか集まらないんです」
小池さん：「情報は、頭で探すんじゃない！ 足で探すんだよ！」

隣で聞いていて、「昭和の刑事ドラマかな？」と思ったのを憶えています。

ただ、これも的を射た答えです。パソコンの前に座って調べるだけではなくて、自ら動いて情報ソースに当たることで、通常得られないような情報やデータを入手できることがあります。そして、その情報がアドバンテージになることがよくあります。

私も独創的な方法でいろんな情報を入手しました。特に競合との比較に関する情報はクライアントも持っていないことが多く、感謝されました。

剣持さんと議論して、いくつかの情報を剣持さんが足で集めることになりました。

・１年以上前に自社製品を購入してくれた顧客10社を訪問

し、商談プロセスや提案についてのフィードバックももらい、購入の決め手をヒアリングする
・直近3か月の間に自社製品を購入してくれた顧客5社を訪問し、商談プロセスや提案についてのフィードバックももらい、購入の決め手をヒアリングする
・商談はしたが自社製品を購入しなかった顧客30社を訪問し、なぜ購入しなかったのか、他社製品を購入した場合はその決め手をヒアリングする

　これらの情報が集まっても、統計的に有意な市場規模データや競合シェア推移データは得られません。

　しかし、目的は学術論文を書くことではなく、経営の意思決定を助けるための分析をすることです。そのため、必ずしも詳細精緻な情報を得る必要はありません。時には6割ぐらい正しそう、という分析を短期間で行うほうが有用だったりします。

剣持さん：「私が足で情報を探すのはいいのですが、こういった情報でしたら、すでに顧客と信頼関係がある我が社の営業担当に取ってもらったほうが早いし正確なような気がするのですが」

森：「SFAに入力されているデータを見ると、残念ながら御社の営業担当にはこういった顧客ヒアリングのスキルがいまいちな方が少なからずいらっしゃいます。それに、CEOが直接顧客からフィードバックをもらうことが、

剣持さんの会社の今のステージには重要です。どんなに営業担当が優秀でも、どうしても CEO に忖度して CEO が喜ぶような情報を報告するようになってしまいますから」

剣持さんは自ら足で情報を探しました。いろいろ新しい発見があったようでした。

❯ 分析力を上げるために、情報収集力を上げる。頭を使って手足を動かして集める

情報を「軸」に沿って切り分けると、新しい洞察が得られる

剣持さんが顧客ヒアリングする中でわかったことの1つに、より正確に現在のプロダクトの TAM（Total Available Market：獲得できる最大の市場規模）を試算する新しい方法、がありました。

それまでは、TAM を試算する際に大雑把に市場を捉え、数値を大きめに見積もっていました。実際にはその時点のプロダクトでは獲得できない顧客セグメント（分類）があり、そのため現実的な TAM はより小さな数値でした。TAM を試算するためのデータとして、いくつかの顧客セグメントの企業数が、都道府県別に入手可能でした。

剣持さんが、自社製品を購入したお客様や、競合製品を選んだお客様にヒアリングする中で、ターゲット顧客セグメントの設定が少しズレていたことがわかりました。

仮説としては、fの『見込み顧客に十分なアプローチができていないから』が正しそうでした。

剣持さん：「ただ、それをデータ分析でも示したくて四苦八苦しています。都道府県別のターゲット顧客の企業数と社内の営業データを使って分析をしたいのですが、どうやって『分けて比べる』とよいでしょうか？」

私はまた、小池さんが隣で新人コンサルタントに言っていた言葉を思い出しました。

小池さん：「洞察が得られる分析をするためには、切れ味がよい『軸』を設定するセンスが大切だ。自分にセンスがないと思ってるのなら、白い紙に横棒と縦棒を引っ張って、そこに軸のタイトルを書いて分析しなさい。毎日100枚書けば、そのうちセンスが磨かれるから」

毎日100枚はなかなかハードですが、センスを磨くために数をこなす、というのは理にかなっていると思います。

ファッションセンスであれビジネスセンスであれ、生まれながらにセンスを持っている人は少ないのです。たくさん経験し失敗する中で、だんだん磨かれていきます。私も新人の頃、いろんな分析軸を設定して分析し、ほとんどの分析は無駄になったのですが、だんだん良い軸が設定できるようになりました。

剣持さん：「アプローチできていない、ということは商談数でわかるかなと思ったのですが、営業の担当地域によって顧客数が異なるので、分析がうまくいきません」

剣持さんと私でデータを見ながら、いくつかの軸を設定して検討しました。

森：「仙台の営業の方、担当地域のターゲット顧客数は少ないのに、成約数はターゲット顧客数が多い東京や大阪の営業担当者と同じぐらいの数字ですね。成約率が特別高いわけでもなさそうです。担当地域のターゲット顧客数を横軸に、成約数を縦軸に取って、営業担当者ごとにプロットすると何か見えてくるかもしれません」

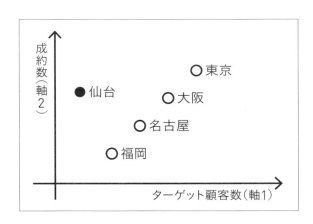

分析の結果、成約数は担当地域のターゲット顧客数にほぼ比例していることがわかりました。そして、仙台の営業担当者は特異点、イレギュラーな点として浮かび上がってきました。

仙台の営業担当者は、担当するターゲット顧客数が少

ないにもかかわらず多くのターゲット顧客に会い、かつ成約率を落とさず営業しています。多く会っているのに成約率が同程度ということは、ターゲット顧客でない顧客とはあまり商談せず、効率的にターゲット顧客を見つけて会っている可能性があります。

　ではどうやってターゲット顧客を見つけ商談を開始しているのでしょうか。仙台の営業担当者にヒアリングすれば、まだアプローチできていないターゲット顧客に効率的に会う方法が見つかるかもしれません。

　剣持さんはすぐ仙台の営業担当者に電話をかけ、売上を再度上昇させるヒントをつかんだのでした。

➡分析力を上げるために、軸設定のセンスを磨く。いろんな方向から集めた情報を眺め、切り分け、意味合いを探す

剣持さん：「森さんのおかげで、分析するということがどういうことかわかりました。売上もまた上がり始めました。森さんから教わったことを会社の仲間に共有してもいいですか？」

森：「お役に立てて嬉しいです。ぜひ共有してください。共有する時は、この数式を使うといいですよ」

> ［分析力］＝
> （仮説構築力）✖（情報収集力）✖（軸設定のセンス）

第2章 他で頑張っても、「ゼロ」を掛けたら結果はゼロ!

脚注:
*1 **ウェブのABテスト**:ウェブサイト等を最適化するための手法の一つ。たとえばある箇所をクリックしてもらいたいとして、Aの構成のページとBの構成のページを作成し、サイト訪問者にランダムにAかBを提示して、どちらがクリック数が多いか比較する、など。

分析力の数式の解説

[分析力]＝
(仮説構築力)✕(情報収集力)
✕(軸設定のセンス)

・**分析力**：分析する能力。意思決定をするために役に立つ、示唆に富んで切れ味の良い分析(分けて比べる)を短期間で効率的に実施するためのスキル

・**仮説構築力**：筋の良い「仮の説」を作る能力。眼の前の現象が起きている原因を想定した上で、それを証明するための情報やデータを集めるようにすると、効率的に分析できる

・**情報収集力**：分析に必要な情報を集める力。簡単に手に入らない情報を集めるには、クリエイティビティや行動力が必要な場合が多い

・**軸設定のセンス**：情報やデータを分ける基準(軸)を設定するための能力。軸設定がうまくいくと、洞察が得られる分析になる。今まで見えてこなかったものが、新しい切り口によって見えるようになることがある

分析力を上げるには？

- 仮説構築力を上げる。その業界に詳しい人と議論する。フレームワークと呼ばれる定形の分析手法を適用してみる。他業界で起きているメカニズムを適用してみる（アナロジー）。もしこれが起きたらどうなるか（What-If）など、発想を飛ばすための仕掛けを使う。あたり前と思われていることも、もし違ったとしたらどんな仮説があるだろうか、と普段から訓練する。
- 情報収集力を上げる。とにかく足で稼ぐ。当たって砕けろで当事者や関係者に直接聞く（メールや電話で直接聞くと、意外にいろいろ教えてもらえることが多い）。検索能力を磨く。自分から情報発信して、最新情報が集まりやすい状態にする。
- 軸設定のセンスを磨く。毎日100枚、分析する。

おいしさも掛け算なら倍増…？

第 3 章

「数学」では
答えは同じでも、
「仕事」では
順序が大切！

「順番系」の数式

時間と戦わなくても時間は増やせる——[時間管理]の数式

> ここで紹介する数式
>
> ## 時間管理
>
> できる人は、スケジュールを積み上げ方式ではなくバックキャスティング方式で作成する、とよく言われます。この考え方を数式化することで、時間管理能力が飛躍的に向上します

　私は大学院の学生の時、学会発表や論文投稿などの締切がある仕事をする機会が多くありました。研究室の先輩方や同僚は質が高いアウトプット（発表資料や論文）を締切前に仕上げる中、私は締切ギリギリまでかかって質が低いアウトプットを提出したり、締切を守れなかったり、かなり仕事ができない人でした。

「学会発表の資料提出までまだ2か月もあるから余裕余裕。どんな内容にするか、じっくり考えよう」
「資料提出まであと1か月か。まだ実験計画も立ててないけど、なんとかなるでしょ」
「あと2週間かー。そろそろ実験しないと間に合わないぞ」
「あれ？　気づいたら、締切まであと2日。まだ実験データもまとまってないし、提出に間に合わないよー」

「提出するのが３日遅れたけど、学会の事務局にお願いして受け取ってもらえた。ラッキー。３か月後に結構長い論文を提出しないといけないけど、まだまだ時間あるし、とりあえず飲みに行こっと。おつかれさま会だー」

　この繰り返しでした。喉元すぎれば…、の典型ですね。

　でも学生時代の最後の１年で、ようやくなんとか仕事ができる人のグループに片足だけ入れるぐらいにはなりました。学生として合計で10年過ごしましたが、これはその中で得られた大きな学びの１つです。

　仕事ができない人と仕事ができる人にはいろんな違いがあります。その一つはプランニング、**作業の時間を見積もって計画する考え方**です。

　仕事ができる人は、どのようにプランニングをしているのでしょうか？

典型的な仕事ができない人の考え方：積み上げ方式

森：「あぁ、またぎりぎりに海外学会発表のアブスト（アブストラクトの略。発表の要旨のこと）を出しちゃったなぁ。ちゃんと見直す時間がなかったから、読んでもよくわかんない文章だし、英語文法の間違いもあるし…」

佐久間さん：「あの学会にアブストを出すのって、２か月以上も前から決まってたじゃん。もっさんは、どうやって仕事のプランニングをしてるの？　作った計画表を

見せてみな」

　佐久間さんは、私が所属する研究室の仕事ができる先輩です。私は大学院時代は、もっさん、と呼ばれていました。ひげボーボーでもっさりしていたので（もっさりは今でもですが）、ぴったりなニックネームでした。

森：「プランニング、ですか？ 今回は締切までに 2 か月もあったので、やることをだいたい頭の中で考えて作業を始めたんで、特に計画表のようなものは書いてないです」
佐久間さん：「だろうと思った。頭の中で考えた計画を、憶えている範囲でいいから教えて」

　私はなんとか思い出そうとしてみました。しかし 2 か月前のことなので、自分が考えたプランニングの内容を、ほとんど憶えていません。うろ覚えの記憶から、佐久間さんに説明しました。

森：「そうですね…。まずは、アブストのフォーマットの確認をしました。次に前回の発表の内容を確認して、そこでの課題を解決する実験計画を立てて、実験準備して、実験して、データまとめて、考察して、学会発表の本編を作って、それからその本編を基にしてアブストを書く、というのが、だいたいのプランだったんです。で、実験準備ぐらいまでは順調だったんですが、最初の実験がうまくいかなくて、やり直した結果もいまいちで、どうしようかなって考えてるうちに締切が迫ってきて、慌ててアブストを書いて出しました」

佐久間さん：「まず、だいたいでもプランを立てたのはグッドだね。アブストのフォーマット確認を最初にしたのもグッド。だけど、プランを立てる順番が良くないね」

森：「プランを立てる順番、ですか？実験計画立てて、実験準備して、実験して、って順番通りプランを立てたんですが、他の順番があるんですか？」

佐久間さん：「プランを立てる時には、必ず、最初に最終成果物、この場合で言うと提出するアブストを具体的にイメージする。それから、時系列的に後ろに向かって計画する」

　私は、佐久間さんが言っている意味がわかりませんでした。実験もせずにどうやってアブストを具体的にイメージするのでしょうか？ ひらめき？ 超能力？

仕事ができる人の考え方：バックキャスティング方式

森：「アブストを具体的にイメージする、ってどういうことでしょうか？ 実験や考察をせずに結論は出せませんけど」

佐久間さん：「確かに、実験なしで結論は出せない。でも、最終成果物であるアブストを具体的にイメージすることはできるよ。たとえば今回の場合は…」

　佐久間さんの説明をまとめると、以下のようになりました。

- アブストのフォーマット、文字数、図は使えるか、などを把握する。これで、アブストの形式的なイメージができる。
- アブストの構成を作る。多くの場合、研究の背景、課題設定、課題の実証方法、実験詳細、結果、考察、結論、などの構成要素は決まっている。それぞれに何文字程度を使うのか決める。これで、アブストの形式的なイメージがさらに詳細化される。
- 研究の背景、課題設定、実証方法までは、現時点の手持ちの情報でも書ける。まずは時間をかけずに、ゴミ箱行き前提の第ゼロ版ドラフト（草稿）を書く。慣れないうちは、文章にせず単語の羅列でもよい。これで、アブストの内容の前半部分のイメージが具体化される。
- 実験詳細、結果、考察、結論については、現時点で考えられるもっとも可能性が高そうな内容を想像して書く。かっこよく言えば「仮説」だが、中身は妄想レベルの不確かさでもよい。これで、アブストの内容の後半部分のイメージが具体化される。

森：「妄想でアブストを書いたら、捏造じゃないんですか？」
佐久間さん：「そのまま提出しちゃったら捏造だね。もちろん実際には、実験して、結果を得て、考察を行ってから書き直すんだよ」
　この**妄想アブストを書く目的は、具体的なイメージを持つためのもの**です。最終成果物の具体的なイメージを

持つことで、その最終成果物を得るために何をしないといけないか、のアクションが具体的にイメージできるようになります。

さらに、妄想レベルでも具体的に書くことで、現時点で何がわかっていないのか、がわかります。さらに、どのレベルの詳細さや深さまで書けば提出するアブストとして意味があるのか、現在計画している実験で本当にこの結論を導き出せるのか、などの確認ができます。

*

佐久間さん:「活動を始める前に答えを出すから、Day1アンサー（最初の日の答え）、とも言うらしいよ」

まずはそのDay1アンサーを作ってみよう、ということで、私は30分かけて、ほぼ英単語の羅列の第ゼロ版アブスト・バージョン・ゼロを書きました。

佐久間さん:「なかなかグッドじゃん。あまり時間をかけずに、さっと書いてしまうことがポイントだよ」

この第ゼロ版ドラフトは計画を効率的に立てるための仮のものなので、時間をかけていたら本末転倒です。

佐久間さん:「で、アブストが完成して提出直前になったとしよう。その直前には何をしているかな？」

森:「直前だと、アブストを書いているんじゃないでしょうか？ あ、でも書いてそのまま提出するんじゃなくて、内容とか文法とか見直ししますね」

佐久間さんはホワイトボードの一番右に「アブスト提出」と書き、そのすぐ左に「アブスト見直し」と書きました。その後、時間を遡るようにしてやるべきことを決

め、ホワイトボードに書いていきました。

佐久間さん：「アブスト提出締切が60日後として、余裕を持って58日後に提出するとしよう。アブスト見直しにはどれぐらいかかりそう？」

森：「佐久間さんや指導教官に見てもらうことも考えると、２日ぐらいですかね」

　ホワイトボードの「アブスト提出」の上に「58」と書き、「アブスト見直し」の上に「56」と書きました。同じようにして、「アブスト執筆」の上に「53」、「本編ドラフト」の上に「46」…と、時間を遡って日数を記入していきました。

　だんだん「現在」の時間に近づいていきます。そこで私は、不都合な状態に気づきました。

森：「あれ？『現在』がマイナス10日になってしまいました。つまり、今始めても間に合わないってことですね。どれかの作業の時間を減らすか、何か並行してできることを探さないと…」

　私はかかる時間を短縮したり、実験の空き時間にデータ分析用のプログラムを書くなど並行作業を取り入れたりして、「現在」が「０」になるように調整しました。

森：「これでプランニングができました。でもこれって、『現在』からプランニングしても、『最終成果物』からプランニングしても、最終的には同じものができるんじゃないですか？」

確かに、毎回同じような作業をする人であれば、「現在」から順にプランニングしても、問題ないでしょう。

しかし私の場合は、学会や投稿する雑誌によってアウトプットのフォーマットや求められる深さが違うことがよくありました。このような、最終成果物で求められるものが毎回違う人であれば、「最終成果物」から時間を遡（さかのぼ）ってプランニングしたほうが、精度が高くなります。

最終成果物の第ゼロ版を作って具体的なイメージを高め、それを達成するためには何が必要かを考えていく。そうすることで、やることのヌケモレも防げます。やることを具体化することで、必要な時間も見積もりやすいです。さらに、緊迫感というか、やる気というか、が出て、サクサク仕事を進めやすい、という精神的なメリットもあります。

それから何度か、佐久間さんおすすめの「最終成果物の具体的なイメージを持ってから、時間を遡ってプランニングする」を実行してみました。すると、締切に遅れることは（想定外のトラブルがない限りは）なくなり、見直しの時間も取れてクオリティも上がったように思います。

第3章 「数学」では答えは同じでも、「仕事」では順序が大切！

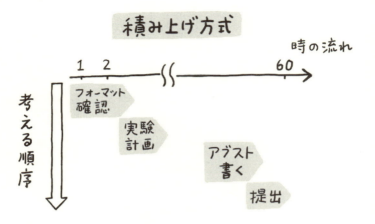

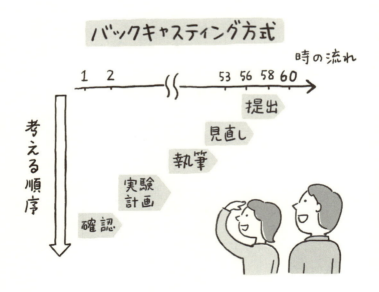

[時間管理]の数式

並べ方が変わると考え方が変わる

　私の研究生活の終盤、清水さんという後輩が、修士課程の学生として研究室に配属されました。

　研究室内では月次進捗報告会があり、研究室のメンバーは全員、進捗の発表をしていました。

　清水さんの発表内容は、よくまとまっていて内容が濃い回と、どんな進捗があったかよくわからない回の、ムラが多い印象でした。

清水さん：「いやぁー、今回の発表はグダグダでした。指導教官からいっぱい指摘を受けちゃって。まだ自分で計画を立てて研究を進めるのがうまくいってない気がします。森さん、どうやって進捗管理すればいいか、コツみたいなものはありますか？」

森：「進捗管理のコツかぁ。やっぱ、ちゃんと計画を立てて紙かPCメモに書いておくのが大事かな。清水さんはどうやって計画を立ててるの？」

清水さん：「どうやって、と言われても…」

　清水さんの計画の立て方は、少し前の私に似ていました。

清水さん：「前回の進捗発表で指摘を受けた実験方法の改善のために、実験装置の改良をして、実験して、データまとめて、考察して、今回の進捗発表の準備して、って感じで計画を立てました。

ただ、思ったような実験データがでなくて実験をやり直してたら月次進捗報告会まであと２日になっちゃって。あわててデータ処理して、ぎりぎりで資料に貼り付けて、考察なんてぜんぜんしてない状態で発表しました。だから、前回指摘された実験方法の改善効果についての質問にも、ぜんぜん答えられませんでした」

森：「修士１年目で、自分で実験方法を改良してデータ取ってるなんて十分優秀だけど、計画の立て方は改善できるかもしれないね。清水さんは、こんな感じで計画を立ててるってことかな？」

　私は、少し前までは自分も同じように計画を立てていたことを棚に上げて、得意げに数式をホワイトボードに書きました。

［締切日］＝
（まず最初にやること）**＋**（次にやること）
＋（その次にやること）**＋**（さらにその次にやること）
＋ … **＋**（成果物の提出）

森：「これはね、典型的な仕事ができない人の考え方なの。仕事ができる人は、こう考える」

［締切日］＝
（成果物の提出）＋（成果物の品質確認）
＋（仕上げ）＋…＋（途中経過の確認とプランニングの修正が必要かどうかの確認）＋…
＋（最初にやること）

清水さん：「あの、『加法の交換法則』というのがあって、足し算の順番を入れ替えても答えは同じなんですが…」
森：「数学で使う数式と違って**仕事で使う数式は、要素が同じであっても並べ方が変わると考え方が変わることもある**よ。この場合は…」
　それから私は、私が佐久間さんから受けた指導を、そっくりそのまま清水さんへ伝授したのでした。

時間管理の数式の解説

［仕事ができない人の数式］：

［締切日］＝（まず最初にやること）＋（次にやること）＋（その次にやること）＋（さらにその次にやること）＋…＋（成果物の提出）

・今、を起点にして、やることを順番に考えながら、必要時間を積み上げていく。
・提出する成果物がどんなものになりそうなのか、成果物完成に近くなるまでよくわからない。
・さらに、「とりあえず目の前にあるやらないといけないことをやるか」とプランニングせずに仕事を始めてしまったり、「締切日はだいぶ先だから、まだ始めなくてもいっか」と開始が遅れたりして、締切日が近くなって、「あれ？ こんなはずじゃなかった」「時間が足りない！」となりがち。妥協した品質の成果物になったり、締切を守れないことが多い。

[仕事ができる人の数式]：

[締切日] ＝（成果物の提出）＋（成果物の品質確認）＋（仕上げ）＋…＋（途中経過の確認とプランニングの修正が必要かどうかの確認）＋…＋（最初にやること）

・締切日、を起点にして、最初に成果物のイメージをできるだけ具体化する。
・実験データ等がなくても、どれぐらい詳細なデータが、どのような形でまとまっていたら、最終的に言いたいことをサポートするに足るか、仮説を立てて当たりをつける。
・成果物が完成したらすぐに提出するのではなく、指導教官や上司のアドバイスを聞いたり、推敲したり、提出フォーマットに間違いがないか確認したり、などの品質確認の時間を十分取れるように、品質確認の時間を最初にプランニングへ反映させる。
・締切日が近くてもいきなり仕事を始めず、まずは最終成果物のイメージ作成、その後プランニングして、成果物イメージとプランを紙に落とす。

ビジネスエリートがネマワシをするワケ——[ネマワシ効果]の数式

ここで紹介する数式の左辺
▼
▼
ネマワシ効果
組織内であなたの提案をスムーズに実行するための魔法の杖、それは効果的なネマワシです

　仕事ができる読者の中には、重要な提案や売り込みをする時に「根回し(ネマワシ)」をしている方も多いのではないでしょうか?

　ネマワシをすることで、提案が承認されたりコンペ(コンペティションの略。顧客に対して複数社が提案し、受注獲得を競争すること)で選ばれたりする確率が上がります。好きか嫌いかはともかく、仕事で結果を出すにはネマワシが必要な場面が多くあります。

　時々、「日本ではネマワシが必要だけど、海外ではいきなり会議で提案して決まるのでネマワシは必要ない」ということを聞きます。また、「重要な意思決定であったとしても、その場で得られる情報で即断即決することは、マネージメントとして必要なスキルだ。ネマワシな

んかしていたら、ビジネスのスピードが遅くなってしまう」ということも、聞いたことがあります。

しかし私の経験では、日本でも海外でも、ビジネスを成功させるツールとしてネマワシは非常に有用です。

＊

ビジネスとは少し違いますが、あなたがゼミや研究室の忘年会の幹事を任されたとします。

昔は忘年会という、年末の忙しい合間を縫って開催される飲み会がありました。普段は接することが少ない人と仲良くなるチャンスとして、うまく使っていた人もいたでしょう。

あなたは忘年会の幹事として、日程とお店を決めないといけません。どうやって決めましょうか？

パターンA） お店は去年の忘年会と同じでいいか。日程はウェブの調整ツールを使って、みんなが参加しやすい日を選ぼう。簡単かんたん。

パターンB） まずは参加する学生に、どんなお店がいいか調査しよう。なるほど、昨年のお店はいまいちで、最近できたあの店がいいって人が多いのか。でも会費がちょっと高くなるな。教授に相談に行こう。教授の秘書さんに、教授が機嫌がいいタイミングを教えてもらって…。「教授、今年の忘年会のことで相談です。日程の候補をいただけますか？ …じゃあ、この３つの候補日のうち、なるべく多くの学生が参加しやすい日に決めてもいいですか？ …あと、お店について相談なんですが…た

だ、会費がちょっと高くなりそうで…。会費は去年と同じで、足りない分を教授が全部出していただけるんですか？ ありがとうございます！」

どちらが優秀な幹事でしょうか？ この事例は学生時代のものですが、ビジネスの世界も似たような状況がたくさんあります。

ネマワシと言うと、裏取引をしているようでフェアでないような印象を受ける方もいますが、ネマワシすることでビジネスがうまくいく現実があります。

ネマワシってどんな時に必要で、どうやったら上手なネマワシができるようになるのでしょうか？

ネマワシはグローバルで使える
ビジネスツール？

あるグローバル企業のコンサルティングプロジェクトに、私が副リーダーとしてチームに入っていた時の話です。

そのプロジェクトは北米、日本、欧州それぞれにチームがあり、連携しながら進めていました。

役割分担として、マネージャーであるスティーブ（北米チーム担当、コンサルタント歴４年）がプロジェクトの進捗管理を担当。副リーダーである私（日本チーム担当、コンサルタント歴８年）がクライアントとのコミュニケーションを担当。統括リーダーであるセリーナ（欧州チーム担当、コンサルタント歴15年のベテラン）がプロジ

ェクト全体の監督・品質管理をする、という体制でした。

プロジェクトのおおまかな内容としては、ある特定の
テーマで全社改革案を立案し、クライアント企業のマネー
ジメントの方々がその案を承認したら全社で実行する、
というものでした。

プロジェクトは大きく3つのフェーズに分かれていま
した。それぞれのフェーズの内容は、社内外の状況を情
報収集し分析した上で改革案を設計してマネージメント
へ上申するフェーズ1、北米・日本・欧州それぞれ特定
の部門で先行して改革案を実行に移すフェーズ2、フェ
ーズ2からの学びをふまえて全社の全部門で改革を実行
するフェーズ3、でした。

プロジェクトが始まる1週間前に、北米にいるマネー
ジャーのスティーブが、フェーズ1のスケジュール案を
作成しました。そのスケジュール案が、欧州にいる統括
リーダーのセリーナと、日本にいる副リーダーの私に、
メールで送られてきました。

ビデオ会議を開き、スケジュール案について議論する
ことになりました。

スティーブ：「…ということで、情報収集、分析と改革
案の設計にじゅうぶん時間を使い、フェーズ1の最後の
週にマネージメントチームへ提案する、というスケジュ
ールです」

私はそのスケジュールを見たとき、「これでうまく

いくのかな？ 最後の週に炎上しそうな気がする…」と、
なんとなく不安になりました。

セリーナ：「スティーブ、スケジュール案を作成してく
れてありがとう。確かに、分析と改革案の設計には十分
リソースを投入したい、と私も考えている。その上で、
なんだけど、スティーブが考えたスケジュール案だと、
最後の週にいきなりマネージメントの方々へ提案するこ
とになってるよね。たとえばもし、マネージメントの一
人でも改革案を気に入らなかったら、何が起きるかな？」
スティーブ：「そんな仮定はナンセンスです。マネージ
メントが気に入る改革案を作るのが、われわれの義務です」
セリーナ：「最善の改革案を作るのがわれわれの義務、
というのはその通りなんだけど…。あと、マネージメン
トが承認したとしても、ワーキングレベルのメンバーが
改革案を気に入らなかったり、反対したりする場合もあ
るんじゃないかな？」
スティーブ：「それの何が問題なのですか？」

　スティーブの主張は、改革案を承認する権限があるの
はマネージメントだけ、承認権限がないワーキングレベ
ルのメンバーが改革案を気に入るかどうかは問題ではな
い、というものでした。クライアント企業のルールでは、
承認されたら実行するのが、ワーキングレベルのメンバ
ーの責務です。少なくとも建前としては。

スティーブ：「案が気に入らないから実行の手を抜くなんて、ガバナンス[*1]がなっていません」
セリーナ：「あのさ、組織はそんな単純なトップダウンでは動かないよ」

　私には、セリーナの言っていることも理解できました。そもそも、マネージメントが決めた通りに全社が改革されるのなら、今回のプロジェクトをコンサルティング会社に依頼することはなかったわけですし。

　改革プロジェクトを成功させるためには、正式な承認権限があろうがなかろうが、全社員が改革案に対してある程度は納得して実行してもらうことが必要です。そうなって初めて、改革の効果が発揮されます。

　さらに、最終週に提案して、承認されない可能性もあります。今回のプロジェクトは、重要な改革プロジェクトです。承認されずに改革プロジェクトが頓挫するリスクをできるだけ少なくしたい、と考えていました。

セリーナ：「情報収集・分析・改革案の設計に並行して、承認後にスムーズに実行されるような準備をしたいんだけど…。森さん、こういう場合、どうしたらいいかな？日本企業でよくやる手が有効だと思うんだけど」
森：「日本企業でよくやる手、ですか？ 何でしょう…。もしかしたら、ネマワシ、ですかね？」
セリーナ：「Yes！ NE-MA-WA-SHI！ それそれ、それです」
スティーブ：「ネマワシ、って何ですか？」

セリーナ：「もともとは、地面で育ててる樹木を移植する時に広大な範囲に広がった根っこを掘り返す作業を軽減するために、あらかじめ太い根っこを定期的に切っておくこと、だったみたい。切られた根っこからは細い根が生えて、根の範囲が狭くなって、樹木を販売したりして移植する時に掘り返す作業が楽にスムーズになる、ってこと」

　セリーナは日本通です。ネマワシの語源は私も知りませんでした。

　樹木の根っこを事前に管理して、トラブルやリスクを最小化することがビジネスでも重要で、ネマワシと呼ばれるようになったそうです。英語だと、behind-the-scene-groundwork、とも言われます。

　このプロジェクトの場合、たとえば実行時のキーパーソンを特定してあらかじめ情報収集の段階から情報共有しておく、というネマワシが考えられます。さらに、改革案を設計する時に一緒に議論に入ってもらうのもいいかもしれません。最終の意思決定の会議の前には、マネージメントの方々全員、それぞれ個別に事前説明して懸念点をあらかじめ聞いて提案に反映する、というのもよさそうです。

セリーナ：「ネマワシをして、プロジェクトの成功確率を上げるべきだと思うの」
スティーブ：「どうしてそんなまどろっこしいことが必要なんですか？　マネージメント会議で上申して、議論

して、必要だったらその場で修正して承認すれば、数時間で決まるじゃないですか。ネマワシしてたら、チームの時間が足りません」

　スティーブが言うことも理解できます。キーパーソンが北米、日本、欧州で３人ずついるとして合計９人。その人たちに情報共有して、さらに改革案の議論に参加してもらって、反対意見が出たら案を修正して、なんてやっていたら、時間もかかりますし、まとめるのも大変です。

セリーナ：「だから私の提案は、ネマワシに必要な時間とチームリソースをスケジュールに入れておく、たとえ情報収集・分析・改革案設計の時間を減らしても、というものです」

*

　組織によっては、スティーブが言ったようにいきなり会議で提案して決まる組織もあるでしょう。カリスマ創業者がいてトップダウンですぐに決まり、すぐに実行できる企業もあります。

　ただ、今回のクライアントで全社改革を提案・実行するには、丁寧にネマワシしたほうが格段に成功確率が上がりそうでした。

　これは良い悪いという話ではありません。組織文化、カルチャーによるものです。アメリカの組織はトップダウンが多い、とか、欧州・日系の組織はコンセンサス（合意形成）を重視、とか、統計的な傾向はあるのかもしれません。しかし結局は個別の組織、個別のプロジェクトで変わってきます。

改革をトップダウンで決めてすぐ実行できる組織が、必ずしも優れているとは言えません。実行は早くても、定着せず元に戻ってしまうことがあります。実行するワーキングレベルのメンバーが、改革案はトップが決めたもの、自分の改革案だとは思っていない場合です。

　一方で、組織内のコンセンサス時間をかけて決めた改革案は、ワーキングレベルのメンバーの多くが『自分の改革案』だと思って実行します。そうすることで、実行を開始するまでには時間がかかりますが、実行はすばやく進み、改革後に長く定着します。

　こういう組織でネマワシせずに改革案を承認・実行しようとすると、反対意見が多く出て承認されなかったり、無理やり承認されたとしても面従腹背で実行が頓挫したりする可能性が高いようです。

スティーブ：「ネマワシの効果はわかりました。ではどうして、ネマワシしたほうがうまくいくのでしょうか？」
セリーナ：「良い質問です。ビジネスでのネマワシは、ヒトが持つ恐怖心をコントロールするものだと思うの」
森：「恐怖心？　どういうことですか？」

　それからセリーナは15分かけて、ビデオ会議で共有できるホワイトボードまで使って、ネマワシの構造的なメカニズムを説明してくれました。欧州生まれ欧州育ちでアメリカの大学を出たセリーナが、どうしてこんなにネマワシについて詳しいのかは、最後まで謎でしたが…。

ネマワシの効果を最大化させるには

セリーナの説明をまとめると、以下の3つの恐怖心をうまくコントロールするとネマワシがうまくいく、ということでした。

----

❶自分が知らないところで、自分に関わる重要なことが決まってしまうかもしれない、という恐怖心をコントロールする

・改革案の大筋を変えたり、承認・否決したりする権限がないことは知りつつも、自分が大きく影響を受ける改革案が、自分の知らないところで決まるのが不愉快、ムカつく、怖い。

・「そんなこと、私は聞いてないぞ！」という現象。

・事前に情報を知ったからといって、特に何かをするわけではない（ことが多い）。「先に知らせてくれた」という事実が重要（先に情報を知って妨害工作をするような人は、こちらから知らせなくても独自の情報網で情報を入手している）。

・この恐怖心を和らげるには、情報共有をなるべく早めに行う。まだいろいろ決まっていない段階でも、「こんなことを検討しているんですよ」「こんな情報を集めています」ということだけでも報告しておけば、「自分は早い段階から情報共有されている」と安心する人が多い。

・コンセンサスを重視する組織風土の場合、いきなり大人数の会議で提案して採決を図るよりも、事前に提案書を個別説明しておいてから会議に臨んだほうが採決される確率が高いのも、この恐怖心をコントロールしているから。

183

❷自分の考え、アイデアが、誰かに否定されるかもしれない、という恐怖心をコントロールする。

・自分が考えた改革案を成功させるための施策や、懸念点を解消するための改善策を、自分以外の誰かが否定することが不愉快、ムカつく、怖い。

・アイデアが否定されただけなのに、自分の人格まで否定されたかのように感じてしまう。

・単なる否定ではなく、建設的な批判や、より良くするための改良策であっても、言い方によっては「攻撃された！」と感じ、自己防衛本能による反撃がトリガーされる。

・「改革」は少なからず現状否定の要素があるので（そうでなければ「改革」することにならない）、改革案に対してこの恐怖心が出てきやすい。

・この恐怖心を逆手に取って、うまく活用することを考える。改革に反対しそうな人を改革案のアイデア出しに呼んで、アイデアを出してもらう。その人のアイデアがうまく取り入れられた改革案にすると、改革案は「自分のアイデア」になるので、否定しないだけでなく、他の人が否定することを防ぐために改革案の良さを他の人にアピールし始めたりする。

・マネージメントに改革案を事前説明した後に、改革を実行する上での懸念点を聞く。その懸念点への対応策を改革案に入れ込む。そうすることで、そのマネージメントの方に「改革案支持者」になってもらうことができる。

❸自分の評価が下がるかもしれない、という恐怖心をコントロールする。

・どんなに「世の中を良くするために仕事をしている」「お客様に貢献するために仕事をしている」と言っても、組織で仕事をする以上、その組織内での自分の評価には誰でも敏感になる。たとえ組織の長であっても。そのため、組織内での自分の評価が下がる可能性があることが不愉快、ムカつく、怖い。

・この場合の「評価」は、オフィシャルな人事評価だけでなく、組織内での評判、特定の権力者や過去のリーダーから好かれているか・覚えめでたいか、なども含む。

・組織内で評価が下がる恐怖をコントロールするメカニズムを活用した活動を、組織内のサブグループ（派閥）への働きかけや多数派工作まで発展させた高度なネマワシを「社内政治[*2]」と呼ぶこともある（社内政治を不要なもの、やるべきでないもの、と捉える人もいるが、大人数の組織を動かして仕事のインパクトを出すには、政治が必要になる時もある）。

・この恐怖心をコントロールするには、いくつかの方法がある。

　○マネージメントから、「改革案の設計・推進した人を評価する」というメッセージを出してもらう。組織の文化に応じてオフィシャルに人事評価を上げてもよいし、改革案を設計している人を高く評価していることを他の人にカジュアル（非公式）に話してもらってもよい。

　○この改革案を支持すると組織のメンバーの人望を得られる、という状態にして、マネージメントに支持をお願いする。

○「みなさん、この案に賛成してますよ」という雰囲気を作る。
○社内政治を利用する。たとえば、改革の効果を毀損しない
　範囲で、最大派閥が得をしつつ二番手派閥も損をしないよ
　うなアレンジを加え、派閥の領袖の合意を取る。

----

*

　私はひと通り説明を聞いた後で、質問しました。

森：「恐怖心をコントロールするのに効果的な順番はあ
りますか？」

　セリーナによると、上記に挙げた順番でコントロール
すのがよいそうです。

「そんなこと聞いてないぞ！」の恐怖心は、事前に情報
共有することで比較的簡単にコントロールできます。一
方で、こじらせるとずっとついてまわります。

　たとえば、社内政治を駆使して改革案の承認を勝ち取
ったとしても、重要メンバーが「聞いてないぞ！」状態
だった場合、改革実行の際に足をひっぱられたり、他の
プロジェクトで障害になったりする可能性があります。

セリーナ：「マネージメントのトップとだけ合意してど
んどん進める、というのはスピーディで良い面もあるわ
よ。でもやりすぎると、副作用、『聞いてないぞ！』連
合の反撃が来てしまうの。私もそれで、何回も痛い目を
見たのよ」

どうやら、**3つの恐怖心をコントロールする重要性に順番がある**ようです。数式にすると、こんな感じでしょうか。

> ［ネマワシの効果］＝
> （早めの情報共有）✕（提案内容への巻き込み）
> ✕（社内政治の活用）

セリーナ：「これも日本のビジネスシーンでよく聞くけど、報連相、って言葉があるでしょ。上司や仕事仲間に報告、連絡、相談、をこまめにしましょう、ってやつ。これも実は、上司や仕事仲間にネマワシをしてるようなものよね」
森：（セリーナ、日本のビジネス文化にほんとに詳しいなー）

ネマワシを、 グローバル組織相手に使ってみた

　セリーナのオンライン講義の後、すぐにスティーブはスケジュールを修正しました。

　情報収集の期間を短くし、ネマワシをタスクとして明示的にスケジュールに加えました。改革案実行時のキーパーソンを欧州、日本、北米でそれぞれ2〜3人決めました。キーパーソンの方々には、情報収集の段階から進捗や集めた情報を共有し、分析や改革案設計時には議論にも参加してもらいました。もちろん、マネージメントの方々には一人ずつ個別に、改革案を説明しに行きました。

　ネマワシの効果はバッチリでした。改革案はスケジュ

ール通りに承認され、その後の実行もスムーズなだけでなく、多くの人が情熱を持って改革を推進してくれました。

プロジェクトの終盤で、クライアント組織の方々が言っていたことが印象的でした。

キーパーソンの一人（北米）：「『われわれの改革案』が承認されましたよ！　やりましたね。実行を成功させるために、あのマネージャーとあのディレクターには先に情報共有しておきます」

キーパーソンの一人（欧州）：「情報収集と分析で、欧州チームが貢献できたのがうれしかったです。通常業務で忙しかったけど、みんな前向きに参加してくれました。改革案が承認されて、いよいよ実行ですね。みんな、改革案を先行して実行する部門に選ばれて喜んでいますよ」

キーパーソンの一人（日本）：「今まで、北米チームや欧州チームに議論で押されて、日本のチームのアイデアを反映できないことが多かったんです。今回、また同じことが起きるだろうって、最初はちょっと諦めモードでした。でも、コンサルタントのみなさんが丁寧に進めてくださったので、チームのやる気が全然違います。実行は、北米・欧州に負けないように早く結果を出そう、って言ってますよ」

マネージメントの一人：「グローバル・ワン・チーム、って組織内のいろんなところで言ってるけど、掛け声倒れというか、本当の意味でワン・チームで仕事できたことってほとんどなかったんですよ。それが今回、仕事の

やり方を改革するっていう反発が多く文化の違いが大きそうなプロジェクトを、一体感と情熱を持って進めることができているのは、良い意味で驚いています」

ワーキングレベルのメンバーの一人（日本）：「今回の改革プロジェクトの前は、北米・欧州チームの人たちを『彼ら』って呼んでました。でも、今回の改革プロジェクトを通して情報共有したり議論したりする中で、いつの間にか『われわれ』って呼んでたんです」

*

実は私は、ネマワシという言葉は知っていましたが、このプロジェクトの前までは意識してネマワシをしたことはありませんでした。セリーナのおかげで、グローバル組織に対してもネマワシが有効であることを体験できたわけです。このプロジェクト以降、セリーナのオンライン講義を基に作った「ネマワシ効果の数式」を使って、意図的にネマワシの時間とリソースを確保[*3]するようになりました。

脚注：
- *1　**ガバナンス**：組織が適切に運営されるための仕組みのこと。
- *2　**政治**：本来、政治とは、社会的に大きなインパクトを出してみんなが幸せになるために活用するメカニズム、ツールのはず。ただ、政治、ポリティクスを毛嫌いする人がいるのは、世界中どこも同じのようです。
- *3　**ネマワシの時間とリソースを確保**：ネマワシは効果的だけど、やりすぎると進捗が遅くなったり、反対者はいないけど骨抜きの案になったりしてしまう。さらに、社内政治好きな策略家、という不名誉なレッテルが貼られることもある。必要なネマワシの量は、やりたいことの内容や組織文化で決まってくる。ネマワシのやり過ぎに注意すること。

[ネマワシ効果]＝

(早めの情報共有)×(提案内容への巻き込み)×(社内政治の活用)

- **ネマワシ効果**：特に複数部門や複数企業が意思決定や実行に関わってくる場合、スムーズに進めるために必須の事前準備を行うことで得られる効果のこと

- **早めの情報共有**：知らないところで自分に関わる重要なことが決まってしまう、という恐怖を減らす。「聞いてないぞ！」という状態をなるべく防ぐ

- **提案内容への巻き込み**：自分の考えが誰かに否定されるという恐怖をうまく活用する。改良するためのアイデアや、懸念点を解消するためのアイデアを聞いて、それを提案に入れ込んでしまう

- **社内政治の活用**：自分の評価が下がるという恐怖をうまく活用する。オフィシャルな人事評価を使っても良いし、組織内の評判や偉い人から褒められる/注意される、派閥工作をする、のような方法もある

ネマワシ効果を上げるには？

- **早めの情報共有**：とにかく早めに知らせることが重要。一報入れておく。メールに、FYI（For Your Information）とか、情報共有まで、と入れて、これからやること、今のところ集まった情報、などを共有する。
- **提案内容への巻き込み**：改良できそうな点や懸念される点を明示的に聞く。「あなた、懸念点はないって言いましたよね」状態を作る。さらに踏み込んで、活発な議論を引き起こすことができれば「彼らのアイデア」から「われわれのアイデア」に昇格できる。
- **社内政治の活用**：トップが改革案を支持することを示したり、率先して実行したりするのは効果がある。ただその前に情報共有や巻き込みをやっておかないと、白けた雰囲気になることも。組織内に改革を長く根付かせるためには、システム的な変化（人事評価の項目に加えるなど）が必要になってくる。

根回し＝太い根を切っておくことで移植の作業がスムーズになる

先を見通して物事を進めていくことのたとえで使われる

朝イチにメールを確認するのはやめなさい──[仕事の優先順位]の数式

ここで紹介する数式の左辺
▼
仕事の優先順位

仕事の優先順位を付けることで、効率的に時間を使い、本当にやりたいこと・やるべきことに集中しましょう

　この本を読んでいただいている皆さんの中には、「今日はあんまり仕事/タスク/to-do がなくてヒマだなー」という日はほとんどなくて、「今日もやることがいっぱいあって、パンクしそうだ！」という日が多い人もいるのではないでしょうか。

　私の場合、すべてのタスクを完了できる日というのは全くゼロで、毎日なんらかの優先順位を付けて完了すべきタスクを選択しています。

　　　　　　　　　＊

　私の同僚に、タスク管理があまり上手ではない人がいました。その人がある日、「よし！ 付箋を使ってタスク管理するぞ！」と、新しいタスク管理方法を始めました。おそらく、重要なタスクを忘れたりして、上司に怒られ

たのでしょう。

その同僚は、タスクを書いた付箋をPCモニターに貼り付けることにしたようです。PCモニターはいつも目の前にあるので、タスクを忘れることもない。完了したタスクを書いた付箋は剥がしてゴミ箱へ。そうすることで、タスクを完了するたびに達成感を得られて、モチベーションも上がる、と言っていました。

2週間後、その同僚のデスクに行くと、PCモニターはタスクを書いた付箋でいっぱい。PCモニターの左辺右辺だけでなく、上辺下辺にも放射状に付箋を貼っていたため、PCモニターがライオンのようになっていました。「もう貼るところがないよー」と困っていました。

仕事内容やタスクの優先順位の付け方、タスク管理・時間管理、などの方法論に関する本や記事は多く、私もいろいろな方法を試しました。Googleで「仕事　優先順位」で検索したら、1,300万件以上もヒットしました。

でもこの項で紹介する数式を使うまでは、私は仕事の優先順位付けをうまくできていませんでした。どうして、うまくいかなかったのでしょうか？

朝イチにメールを確認してはいけないのは、なぜか？

私を含めた若手社員20名ほどが大きめの会議室に集められ、タスク管理に関するトレーニングを受けていま

した。講師がトレーニングの背景や目的を説明した後に、具体的なタスク管理方法について話し始めました。すると、受講者が一気にざわつき始めました。

トレーニング講師：「会社に来て、朝一番にメールの確認をしてはいけません。これはタスク管理ができていない一日が始まる、最悪のレシピです」

私の隣に座っていた相馬さんが、講師にはぎりぎり聞こえないけど、それなりに大きな声で毒づきました。

相馬さん：「は？ この人、何言ってんの？ マネージャーから指示があるかもしれないし、お客様から問い合わせがあるかもしれない。それを確認しないで仕事を始めるなんて、非効率じゃん。考えられない！ この人、仕事の優先順位について、なんにもわかってないね」

私も、この時点では相馬さんに賛成でした。

受講者の注目を集めるために、ちょっとショッキングなことを言っているのかな？ どうして朝イチにメールを確認してはダメなのだろうか？ 一日の中で必ずメールを1回以上チェックするのだから、朝イチでチェックしようが、ちょっと経ってからチェックしようが、トータルの時間は変わらないのになぁ。

講師がタスク管理についてしばらく説明した後、受講者に問いかけがありました。

トレーニング講師：「タスクの優先順位を付けるのに重

要な項目が２つあります。優先順位はその掛け算で計算できます。その２つの項目は何でしょうか？」

　私が当てられ、答えました。

森：「（緊急度）×（重要度）、です」

トレーニング講師：「おしい。ちょっと違います」

森：「え？　（タスク管理や時間管理の本を何冊か読んだけど、どの本にもそう書いてあったような…）」

トレーニング講師：「（重要度）×（緊急度）、です」

　私も相馬さんと同じく、「は？　この人、何言ってんの？」状態になりました。掛け算は交換法則、というのがあって、順番を変えても答えは同じです。学校で習わなかったのかな？

トレーニング講師：「この順番が大切なのです」

　どうやら、こういうことのようです。

　「重要度が高くて緊急度も高いタスク」は、たいていの人はすぐ完了させようとするので、優先順位付けは、実は大切ではありません。大切なのは、「**重要度が高いが緊急度は低いタスク**」と、「**重要度は低いが緊急度が高いタスク**」の中で、**どうやって優先順位を付けてリソース配分するか**、です。

　「重要度は低いが緊急度が高いタスク」、つまり期限が目の前に迫ってきているものは、何をやればいいのか、やらなかったらどんな悪影響があるのか、すぐ先の未来なのでイメージしやすいです。

　一方で、「重要度が高いが緊急度は低いタスク」は、

悪影響があっても長期的な将来のことなので、やらなかった場合の悪影響を具体的にイメージしづらいことが多いです。

具体的にイメージしやすい悪影響と、具体的にイメージしにくい悪影響とを比べると、どんなに後者の悪影響のほうが大きくても、どうしてもイメージしやすい悪影響を回避したくなります。

緊急度を先に考えてしまうと、緊急度が高いタスクにマインドシェア（心を配る割合）が取られてしまいます。ただでさえ具体的にイメージしづらい「重要度が高いが緊急度は低いタスク」の将来的なインパクトについて、考えるのがおろそかになりがちになってしまいます。

そのため、**優先順位を考える時は、必ず、重要度から先に考えます**。

だから、朝イチでメールを確認してはいけないのです。メールを先に確認すると、緊急度を先に考えてしまいます。

トレーニング講師：「メールを確認する前に、10分でいいから重要度が高いタスクについて考えることをオススメします。多くの人が、『重要度が高いが緊急度は低いタスク』を始めるのを先延ばしして、結果的に人生において大きな目標を達成できなくなってしまいます。『壺に砂を入れる前に、大きな石を入れる』という有名な話がありますね」

　トレーニング講師の方は、具体例を交えて丁寧に説明してくださいました。そして私も相馬さんも、ようやく意図を理解したのでした。

そこに「志」はあるか？

　タスク管理のトレーニングを受けた3か月後に、私はお客様のオフィスの会議室で、お客様企業の経営管理部門のトップである田淵さんと雑談をしていました。

　田淵さんは会社の中で多くのプロジェクトに関わり、社外でもいくつかのスタートアップのメンターをしつつ、住んでいる地域コミュニティを盛り上げるボランティア活動もしながら、家族と2〜3か月に1回はキャンプに行くという、私から見るとタスク管理の達人のような人でした。もしかしたら、田淵さんが存在する世界では1日は24時間ではないのかもしれない、とも思いたくなるほどでした。

森：「田淵さんは社内でも社外でもいろいろな活動をさ

れていて、しかも1つひとつできっちりインパクトを出
しつつ、さらに楽しんで取り組まれているように見えま
す。どうやって仕事やタスクの優先順位を付けているの
ですか？　睡眠時間が毎日2時間だけ、とか、裏技みた
いなものがあるのですか？」

　私は先日のタスク管理トレーニングの後から、（重要度）
×（緊急度）で仕事の優先順位を付けるようにしました。
毎日朝イチにメールを見る前に10分間、優先順位付け
をしてから仕事にとりかかるようにしたのです。しかし、
なかなか思うような結果が得られていませんでした。

田淵さん：「私は毎日、7時間以上は寝てますよ。寝な
いとパフォーマンスが出ないタイプなので…。確かに、
『（重要度）×（緊急度）』で優先順位を付ける、という
のはよく言われますが、私はその2項目だけでは不十分
だと考えています」

森：「え？　この2つ以外に項目があるのですか？」

田淵さん：「私の場合は、『**（重要度）×（緊急度）＋（志）**』
で考えるようにしています」

［仕事の優先順位］＝（重要度）×（緊急度）＋（志）

　私はまた、「は？　この人、何言ってんの？」状態にな
りました。志？　それって重要度のことじゃないのかな？
重要度に一番最初に考えてるから、同じような項目がま
た出てくるのはおかしいんじゃないだろうか？　MECE
(Mutually exclusive and Collectively exhaustive、の略。

漏れなくダブりなく、という意味）じゃないし、掛け算の後に足し算があって、数式としても美しくないなぁ…。

森:「こ・こ・ろ・ざ・し、ですか…。もう少し詳しく教えていただけますか？」

　私はその頃には、「は？　この人、何言ってんの？」と反射的に口に出して言わないぐらいは、社会人として成長していました。

　田淵さんの定義によれば、「志」とは人生をかけて成し遂げたいこと、英語で言えばmissionのことです。（重要度）×（緊急度）で、世の中の大概の仕事やタスクは優先順位を付けられます。しかし、目の前の仕事について考えると、いつも忙しいのでどうしても近視眼的になってしまいがちです。そこで一歩立ち止まり、全体の状況を俯瞰し、「自分が人生で成すべきことに対して、本当に大切なことをやれているだろうか」と自分に問いかけるのです。

田淵さん:「志を持てているか、志が優先順位付けに反映されているか、と。そのために、（重要度）×（緊急度）で優先順位を付けた後、再度、志に思いを馳せ、自分を見つめ直すのです」

　毎日、自分を見つめ直していたら、私はストレス溜まりそうだな…。

森:「なるほど。だから田淵さんはいつも活き活き仕事をされてるんですね！」

[仕事の優先順位] ＝
(重要度) ✕ (緊急度) ＋ (志)

重要度：その仕事が顧客にとって、会社にとって、自分にとって、どれぐらい重要か、見積もる。その仕事が完了したらどんなインパクトが生まれるか、具体的に想像する

緊急度：いつまでにその仕事を終わらせないといけないのか、の目安。仕事の締切。多くの締切は人為的に作り出されたもので、相談したり交渉したりすることで、変更できることも多い

志：自分が人生で成し遂げたいこと、こうありたいと想うこと、に対して、その仕事はどれぐらい重要か、ということを、優先順位を最終的に決定する前に確認する

まず最初に重要度を確認し、インパクトを具体的にイメージした上で、緊急度を確認し、最後に志の要素を確認する。この順番で優先順位を考えることで、重要なことを先送りするクセを少しずつ矯正していく

お金を貯めるために、二流は節約する。では、一流は？——[「お金が貯まる人」の数式]

ここで紹介する数式
▼
お金が貯まる人の数式
みんな大好き、お金の話です

　これまで、仕事をうまくやるための数式をいくつか紹介してきました。仕事をする理由はいくつかありますが、「お金を稼ぐ」というのは立派な大きな理由です。稼いだお金は使うだけでなく、増やして貯めたいですよね。
　では、お金を増やすには、貯めるには、どうしたらいいでしょうか？
　もっと節約する？　もっと収入を増やす？　もっと投資する？　世間には、お金に関するアドバイスがあふれています。
　「まずは、家計簿を付けて、支出を把握することから始めてください」
　「いろんな節約アイデアで、使うお金を減らしましょう」

「節約しすぎると、ストレスが溜まってリベンジ消費をしたくなるので、逆効果です」

「銀行に貯金してもほとんど利息が付かないから、投資しないといけません」

「金融投資よりも、収入を上げるために勉強したり資格を取ったり、自己投資を優先すべきです」

「iDeCoは…。新NISAは…。インデックスのノーロードを選んで…」

どのアドバイスも有用だと思いますが、それぞれの方がそれぞれの立場で話していて、私には情報量が多すぎて処理しきれません。

個別のテクニックではなく基本的な法則のようなものがないか、お金が貯まらない人と貯まる人それぞれから学ぼうと、私は考えました。

収入が多くてもお金がぜんぜん貯まっていかない人っていますよね。

その一方で、収入はそこそこなんだけど、着実にお金を貯めて「億り人」になる人もいます。

何が違うのでしょうか？　お金が貯まる人になるには、どんな法則を大切にすべきなのでしょうか？

お金が貯まらない人の頭の中にある数式

私の友人に千葉さんという、典型的なお金が貯まらない人がいます。ちょっと失礼な紹介文ではありますが、

本人が、「いやー、オレ全然カネ貯まんないんだよねー」とよく言っていましたので、典型的な例として使わせてもらいます。

　千葉さんは仕事ができる人で、勤めている会社での出世も早いほうでした。

森：（千葉さんは収入があるはずだけど、どうしてお金が貯まらないのかな？　千葉さんのお金に対する考え方を数式にしてみたら、理由がわかるかもしれない）

　千葉さんにとってはありがた迷惑な話かもしれませんが、単に私の知的好奇心のために、千葉さんのお金が貯まらない理由を解明しようとしました。

森：「千葉さん、お金が貯まらない、って言ってますけど、昇進もして収入も増えてるんじゃないですか？」

千葉さん：「確かに年収は増えたけど、なんだかんだでいつも金がないんだよねー」

森：「なんだかんだでお金がないって、お金を捨ててるわけじゃないんだから、使ってるんでしょ？」

千葉さん：「確かにさー、年収が増えた分、旅行行ったり買い物したり、いろいろしてるからなー。家も引っ越して家賃上がったし。月末に給料が入ったら一部を投資にまわして、って考えてるんだけど、家賃とクレカの支払いをしたらほとんど残んないんだよね」

　千葉さんのお金に対する考え方がだんだん見えてきました。おそらく、こう考えています。

［お金が貯まる人］の数式

> （収入）ー（支出）＝（貯蓄や投資にまわすお金）

　この考え方によって、

- 支出が多いと、（収入）ー（支出）がゼロになり、貯蓄や投資ができない。
- さらに支出が行きすぎると（収入）ー（支出）がマイナスになり、（貯蓄や投資にまわすお金）どころか（借金）が増えていく。千葉さんは把握してないみたいだけど、もしかしたらすでにそうなっているのかもしれない。
- 収入と支出が数式の同じ左辺にあるので、収入が増えたら支出を増やしても良いように感じてしまう。だから出世して年収が上がっても、同じぐらい支出を増やして、右辺の（貯蓄や投資にまわすお金）が増えていかない。

第3章　「数学」では答えは同じでも、「仕事」では順序が大切！

千葉さん：「もうちょっと収入が増えれば貯金できるんだけどなー」

　おそらく、千葉さんの頭の中にあるお金の数式を変えない限り、なかなか貯金や投資は難しいと思います。

お金が貯まる人の頭の中にある数式

　お金が貯まらない人の数式はわかりましたが、お金が貯まる人はどういう数式で考えているのでしょうか？お金が貯まる人の頭の中にある数式に出合うには、私は少し遠回りする必要がありました。

　お金が貯まる人って、「オレ、カネ貯まってるんだよね」とは教えてくれません。

　私の勝手なイメージですが、地味な生活をしながら貯めている人が多くて、もし教えてもらえたら「え、あの人がそんなに貯めてるの?!」と驚くことが多いような気がします。そのため、お金が貯まっている人を見つけて直接聞くのは難しそうです。

　そこで、ファイナンシャルプランナー（FP）の方と話せば、ヒントが得られるかもしれないと考えました。FPは、お金のプロ。きっと知見が豊富に違いない。

　本来であれば独立系FPの方に相談料を支払って相談するのが良いのですが、その時は無料ということで、生命保険の営業をされている辻さんという方とお話しすることにしました。

*

いきなり保険の営業をされるのかな、と身構えていた
のですが、最初は一緒にライフプランを作ることから始
まりました。

辻さん：「まずは、森家に将来起きることや、将来やり
たい夢をふまえた、ライフプラン表を作りましょう」

　現時点での収入、支出、貯蓄をヒアリングした後、将
来起きうるライフイベントと大きめの支出を決めました。
　子どもの誕生、教育、家や自動車の購入、大きな支出
を伴うやりたいこと＝夢プラン（我が家の場合は海外旅
行でした）、など。その後、退職する予定の年齢を決め、
大体の年金額を推定します。
　これらの情報のヒアリングが非常に丁寧になされ、1
時間以上かかりました。ヒアリングした情報を基に数値
をiPadへインプットすると、年齢を横軸、総資産額を
縦軸とするグラフが作成されました。

　退職後も同じペースで支出を続けるとグラフは右肩下
がりになり、いつかはマイナスに転じてしまいます。また、
退職前に主に収入を担っている人（この場合は私ですが）
が死亡すると、その瞬間から右肩下がりになってしまい
ます。
　ライフイベントのヒアリングの時には「上の子どもが
中学生になる前にアフリカ旅行へ行くぞー！」とかウキ
ウキだったのに、右肩下がりのグラフを見せられ、自分
が死亡する話をされ（生命保険の話なので当然なのです

が)、急激に気分が落ち込んでいきました。そのタイミングで、

辻さん：「森様、ご家族のライフプランを守るために、生命保険があります」

と言われれば、生命保険に加入しなくちゃ、と思ってしまうのも無理はありません。私も同じような心境になりました。

ただ私はお金が貯まる人の数式を知ることが目的だったので、いきなり保険を購入することはせず、いくつか質問をすることにしました。

森：「毎月の保険料を考えると、老後に必要なお金を年金と貯蓄性保険だけで賄うのは厳しいように思います。他のご家庭ではどうされているのでしょうか？」

辻さん：「そうですね。貯蓄性保険だけで賄うのではなく、貯金や投資なども組み合わされているご家庭が多いです」

森：「貯蓄性保険の保険料が毎月あって、さらに貯金も…となると、大変じゃないですか？」

辻さん：「保険料は毎月同額ですので、まずはそれを将来のためのお金の準備のベースと考えていただくと良いと思います。月によって支出が異なることが多いと思いますので、支出が多くなった月は貯金を少なめ、支出が抑えられた月は貯金を多め、とされているご家庭もあります。また、ボーナス月はその分投資をするなど、うまく組み合わせているご家庭が多いでようです」

ここで私は、少し意地悪な質問をしました。

森：「では、将来のためのお金の準備のベースも、保険ではなくて貯金や投資にしても良いのではないですか？」

辻さん：「保険料は毎月同額ですので、毎月の収入から保険料を差し引いた残りをその月に使えるお金と考えると、確実に将来に備えることができます。貯金や投資の金額は毎月変えることができるので、ベースにしようと思っても実際にはなかなか難しいことが多いようです」

　辻さんはできる保険営業FPです。すぐに切り返されてしまいました。

　でも、めげずに質問をします。

森：「今回は現在の収入を基に支出額を考えましたが、将来収入が増えたら支出額も増えて、保険でカバーしないといけない金額も増えると思います。その場合はどうするのですか？」

辻さん：「将来収入が増えた場合は保険の金額を見直し、保証金額を増やしてもいいかもしれませんね」

森：（それって、収入が上がったらその分の保険料を上げる、ってことか）

＊

　辻さんとの会話を基にすると、将来必要なお金を準備できる人、つまりお金が貯まる人の考え方を表した式は、以下のようになります。

（収入）ー（保険や貯蓄や投資にまわすお金）＝（支出）

　この考え方によって、

・毎月一定金額を（保険や貯蓄や投資にまわすお金）として
　強制的に確保できるので、確実にお金が貯まる。

・（収入）と（保険や貯蓄や投資にまわすお金）が数式の同
　じ左辺にあるので、収入が増えたら貯蓄にまわすお金を増
　やそう、と思いやすい。

まさにこれが、お金が貯まる人の数式です。

**お金が貯まらない人の数式とお金が貯まる人の数式は、
それぞれの要素は同じですが、順番が違うのでした。**

＊

　私は結局、掛け捨ての生命保険しか購入しませんでし
たので、辻さんにとってはあまり良いお客ではなかった
かもしれません。

　しかし、お金が貯まる人の数式は実践し始めました。

　毎月一定金額を貯蓄や投資にまわせるように、積立式
定期預金と投信積立を設定。支出を増やしたくなった時
もありましたが、設定金額を変えずにがんばっています。

　昇進して収入が増えたときも、積立金額を増やしまし
た。お金のことを毎日考えるデイトレーダーのような運
用は私には無理ですが、お金が貯まる人の数式のおかげ
で、将来に備え始めることができました。

脚注：
＊1　億り人：金融資産の合計額が1億円を超えた人のこと。

お金が貯まる人の数式の解説

[お金が貯まらない人の数式]：
（収入）ー（支出）＝（貯蓄や投資にまわすお金）

・貯蓄や投資よりも支出することを先に考えてしまい、貯蓄や投資するお金がない、という事態になりがち
・収入の増加に伴い、支出も増加させてしまいがち

[お金が貯まる人の数式]：
（収入）ー（貯蓄や投資にまわすお金）＝（支出）

・（収入）からまず最初に（貯蓄や投資にまわすお金）を差し引き、残りを（支出）に当てるので、必ず決まった金額以上を貯蓄や投資に回せる
・貯蓄や投資へのお金を給与から天引するように設定すると、あまり考えずにこの状態を達成できる
・（収入）が増加したらその分（貯蓄や投資にまわすお金）も増やして、（支出）を上げないのが最強

どっちの順番が大事…?

第4章

頭の中の
フワフワした考えも、
「数式化」すれば
スッキリ!

仕事の数式の作り方

IV

他人の「仕事の数式」をパクる勇気──あなたの「仕事の数式」を教えてください！

ここで紹介する数式のワザ
▼
できる仕事仲間が使っている数式を掘り出す方法

仕事ができる人は、みんな数式を使っています!?

　前の章までで、仕事に数式を使うメリットについて、理解を深めていただけたと思います。この章では、仕事仲間やあなた自身の頭の中にある数式を掘り出して、活用する方法について紹介します。

*

　みなさんが一緒に仕事をする仲間に、「この人、できるなぁ！」という方はいますか？

　私はこれまで仕事仲間に恵まれ、たくさんの優秀な方々と仕事をしてきました。優秀な人は、仕事をする上での一家言というか、これまでの経験に裏打ちされた独自の考え方を持っています。仕事で成果を出す人の頭の中はどうなっているのでしょうか？

　私が接してきた多くの人たちの頭の中には、数式が存

在していました。本人が意識的に数式を使っている場合もあれば、無意識に自分の考えを数式化している場合もあります。無意識の場合でも、いろいろ掘り下げて質問していけば、だんだん数式が現れて見えてきます。

仕事ができる人に出会ったら、「あなたの『仕事の数式』を教えてください！」と聞くと、新しい発見があるかもしれません。

仕事仲間の数式を、
相手の頭の中から掘り出すには

私は、仕事で常に成果を出すような方に会うと、その人の頭の中にある数式を教えてもらうのが好きです。

ほとんどの人が、「え？ 仕事の数式？」となるのですが、いろいろ聞いていくうちに考えが整理されてきて、その人が仕事で成果を出すために大切にしていることを数式化できます。数式化することで、私も真似しやすくなるし、他の人に考え方を伝えやすくなります。

この章では、仕事仲間の数式を、仕事仲間の頭の中から掘り出すステップを紹介します。

① 左辺を聞く

仕事で成果を出すために大切な能力や、仕事をした結果としてどういう状態になっているべきか、仕事上のインパクト、について定義してもらい、それを左辺に書く。

②右辺の項目を出してもらう

左辺を高めるために重要な要素を列挙してもらう。また、左辺を下げてしまう要素もあれば出してもらう。

③右辺の各要素と左辺の関係や、要素間の関係を表現してもらう

要素ごとに、その要素が大きくなると左辺の状態が良くなるのか、小さくなるとどんな影響があるのか。大きく／小さくなるのは、足し算的（要素が大きく／小さくなると、他の要素にかかわらず独立して左辺が大きく／小さくなる）なのか、掛け算的（要素が大きく／小さくなっても、他の要素がゼロに近いと左辺への影響が限定されてしまう）なのか。

④こだわりポイントを聞く

右辺の要素の中で、特に重視している要素はあるのか。要素の順番はどれぐらい重要なのか。

⑤要素を絞り込む

要素が多すぎると使いづらい数式になるので、多くても5個程度に優先順位をつけて要素の数を絞り込む。

⑥数式化して、命名して共有する

〇〇さんの□□□の式、など、数式に名前をつける。

⑦作った数式に沿って、
過去の成功体験・失敗体験を語ってもらう

実際の仕事の場で数式を使うイメージを具体化する。

実際に仕事仲間の頭の中にあった数式を、私がこの7ステップを使って掘り出した例を紹介します。

採用エージェントの頭の中を数式化する

私が尊敬する、できる仕事仲間の一人に、寺田さんという人事系コンサルタントの方がいます。

寺田さんとは特に、経験者採用の仕事を一緒にしています。これまで多くの人材紹介エージェントと仕事をする機会がありましたが、紹介された候補者が面接を突破し採用に至る率がエージェントによって異なるな、と感じていました。

森:「寺田さんが人材紹介エージェントの仕事で成果を出すために、大切にしている能力や、重視している仕事上のインパクトってありますか?」
寺田さん:「ありますよ。過去の失敗の経験から、『面接突破力』を重視しています」

＊

寺田さんが経験者採用の仕事をするようになったのは、10年前のこと。始めた当時は、とにかく紹介実績を積

もうと、ほとんどヤミクモに紹介していたそうです。

　彼が紹介する候補者は、なかなか面接を突破できませんでした。その結果、紹介先企業も書類審査や面接に使った時間を無駄にし、候補者も不採用の通知を受けて疲弊する、ということが続いていました。これでは誰も幸せにならない、と気づき、採用候補者を紹介する際には、その方の紹介先企業に対する「面接突破力」をきちんと評価するようにしたそうです。

「面接突破力」を重視するようになってから、紹介した方が採用に至るケースが増えました。クライアントである採用企業からも、採用された候補者の方からも感謝されるようになりました。口コミでクライアントも候補者も増える、という良い循環が始まったのです。

　寺田さんにももがいていた時期があったのは意外でした。

　私の経験では、寺田さんルートの候補者と、他の人材紹介エージェントからの候補者では、面接を突破する確率に違いがありました。寺田さんが紹介した候補者は圧倒的に突破率が高かったのです。

森：「どうやって『面接突破力』を測っているのですか？『面接突破力』の構成要素を教えてください」

寺田さん：「もちろん喜んで。採用プロセスによって異なりますが、一般的な『ゲート方式』の場合、重要な要素が５つあります」

*

　企業によって、候補者を選別する視点やプロセスが異

なります。代表的なプロセスとしては、総合得点方式、推し方式、ゲート方式、などがあります。

総合得点方式は、たとえば個別面接を5人の面接官で行ってそれぞれ点数をつけて、その合計点数が基準を超えると合格、とするものです。

推し方式は、何人かと個別面接を行い、面接官のうち1人でも「この人を自分のチームにぜひ入れたい！」と思う人がいれば（他の人が反対していても）採用する、とするものです。

一番多く使われているのは、私も現在使っているゲート方式です。

ゲート方式は、まずは書類審査をし、一次面接で仕事上の能力を判断し、二次面接で採用ポジションに求められる特別なスキルを判断し、最終面接で企業文化への適応度合いを確認する、というようなプロセスです。ゲートごとに合格・不合格を判定し、最終的に採用、合格になるというものです。

寺田さんによると、ゲート方式の場合の「面接突破力」を決めるのは以下の要素です。

1）職務経歴書の内容

2）面接での第一印象

3）面接で話す内容

4）面接での話し方

5）採用企業とのフィット感

森：「それぞれの項目の詳細については後で聞くとして、項目ごとの関係というか、どの項目がどうなると『面接突破力』が上がるのか、教えてもらえますか？」

寺田さん：「この5つの項目それぞれが高いと、面接突破力が上がります。ただしゲート方式では、どれか1つがずば抜けて良かったとしても、他の1つでもダメな点があると、面接は突破できませんね」

森：「（ということは、掛け算タイプだな）。この5つの項目の中で、特にこだわっている項目はありますか？またこの5つの順番はどれぐらい大切ですか？」

寺田さん：「特にこだわりはないですけど、最初の2つ、職務経歴書の内容と面接での第一印象は短期間で改善できるので、時間の投資対効果が良いですね。5番目の採用企業とのフィット感も非常に重要であるものの、これは高めるというよりは、本当はフィットしているのにフィットしていない印象を与えるのを防ぐことが肝要です」

　どうやら順番はこのままで良さそうです。要素数も5つなので、絞り込む必要はありません。

　私は自分のノートに以下のように書いて、寺田さんに見せました。

「寺田さんの面接突破力の式（ゲート方式）」

> [経験者採用の面接突破力]＝
> （職務経歴書の内容）✕（面接での第一印象）
> ✕（面接で話す内容）✕（面接での話し方）
> ✕（採用企業とのフィット感）

森：「寺田さんの面接突破力の式（ゲート方式）、が完成しました。この数式を使うと、採用者側も候補者の見極めがしやすくなりますし、候補者側も面接突破力を向上させやすくなりますね」

寺田さん：「私が過去に紹介した候補者の中で、なかなか面接を突破できず苦労していた方がいらっしゃいました。何か光るものを持っている方だと感じたので、面接突破力の向上のお手伝いをしました。その時にこの数式を持っていたら、もっと効率的に採用まで行けたと思います」
森：「そのケースについて、もう少し詳しく教えていただけますか？」

その方は、あるメーカーの営業を10年間された富岡さんという方でした。他業界のメーカーに営業として転職しようと、寺田さんの元を訪れたそうです。他の人材紹介エージェントを使って転職活動をしたのですが、なかなか面接を突破できず、知人の紹介で寺田さんのオフィスを2年前に訪ねて来たのでした。

採用エージェントに助けられて
転職に成功した話〜職務経歴書の書き方

富岡さん：「寺田さん、助けてください。6か月ほど転職活動をしているのですが、なかなか内定をもらえずに困っています」

　富岡さんは、他の人材紹介エージェントの紹介で、いろんな企業にエントリーしたのですが、なかなか面接に呼ばれませんでした。面接に呼ばれたとしても、ほとんど一次面接で不合格となっていました。

　寺田さんはいくつか質問をし、富岡さんの人となり、現在の仕事の状況、なぜ転職したいのか、将来どんな仕事をしていきたいのか、などを把握しました。その上で、具体的に面接突破力を向上させるための質問に移りました。

寺田さん：「面接に呼ばれることが少ない、とのことですが、職務経歴書を見せていただけますか？」

　寺田さんは富岡さんの職務経歴書を受け取り、じっくりと読み込みました。

寺田さん：「富岡さん、人事担当者がこの職務経歴書を読んだ後、どんなことを考えると思いますか？」

富岡さん：「今までそんなふうに考えたことがなかったので、あまり思いつきませんが…。そうですね、自分で言うのもなんですが、きっちり真面目に仕事をする信頼できる人だな、でしょうか？」

寺田さん：「私は個人的には、富岡さんのその楽天的と

いうか、ポジティブな感じが好きです。メーカーの営業としても、その特性は長所になると思います。ただ…」

*

富岡さんの職務経歴書は、もし人事担当者が見たら以下のような印象を持つものでした。

「文字数はいっぱい書いてあるけど、何を売り込みたいかよくわからない、冗長だな」

「営業スタイルも、自社製品の特徴をべらべら一方的に話すタイプかな」

「うちは顧客のニーズを深く聞いて提案するタイプの営業を求めているから、今回はパスだな」

寺田さん：「厳しいことを言って申し訳ありませんが、富岡さんは良いものを持ってらっしゃるので、ぜひ面接を突破して新天地で活躍してほしいと心底思っているので、あえてお話ししています」

富岡さん：「何度も落ちていますので、今さら変なプライドとかはありません。その上で聞くのですが、人事担当者の方って、けっこうな先入観で採用者を判断するものなのですか？」

寺田さん：「もちろん、担当者によって考え方は異なります。ただ、私が知る限り多くの方が、『仮説＆検証』のアプローチを取るようです」

*

寺田さんは、書類審査における「仮説＆検証」のアプローチについて説明しました。

まず、職務経歴書などの書類情報から候補者の人物像を想定します。その上で、想定した人物像が今回求めるポジションにマッチするか検討します。

マッチすると判断した場合、一次面接の質疑応答の中で、その仮説の人物像が実物と合っているか検証します。二次面接や最終面接でも、仮説＆検証が繰り返されます。当初の人物像が確認できると、面接合格です。

先入観なく候補者の真の人物像を見極めて判断できれば良いのですが、数ページの職務経歴書と数時間の面接だけで真の人物像を見極める能力を持った人は、残念ながらほとんど存在しません。人事担当者も人によっては年に何百人も候補者を検討するため、候補者一人ひとりをじっくり検討する余裕はありません。

そのため、効率的な「仮説＆検証」のアプローチを取ることが多くなります。

寺田さん：「富岡さんの職務経歴書を読んだ私の仮説が、『話が冗長、人の話をあまり深く聞かない』でした」

富岡さん：「私の職務経歴書をどう修正したらよいでしょうか？」

寺田さんの、職務経歴書の書き方講座が始まりました。

まず最初にすべきことは、情報収集。応募する企業や事業、ポジションで求められる人物像を、可能な限り情報を集めて想像します。次に、持っているスキルや性格から、求められる人物像にマッチする部分を抜き出して、候補者としての人物像をつくります。

その上で、読んだ人が、自然にその人物像を想定できるように、職務経歴書を書きます。

寺田さん：「今この場で、富岡さんにちょうどぴったりな募集をしているＡ社向けに、職務経歴書を一緒に書いてみましょう」

それからは、二人はＡ社向けの職務経歴書を書き上げました。

寺田さん：「これならＡ社から一次面接の案内が来ると思いますよ」

転職に成功した話
～最強の面接対策で、突破する

職務経歴書の次は、面接の対策です。

富岡さん：「何度か一次面接には呼んでもらえたのですが、なかなか次のステップに呼ばれません。職務経歴書を改良して一次面接には進めても、面接が不安です」

寺田さん：「一次面接で最も重要なのは、第一印象です。最初の数秒です」

富岡さん：「そうなんですか？ 確かに、商談でも第一印象が大切…って言いますが」

面接官は事前に職務経歴書を読んで、候補者の人物像の仮説を持っています。その仮説を、最初の数秒で検証します。

第一印象で「仮説通り、期待できる人物だ」となると、

面接の質疑応答では仮説が正しいことを確認することに
注力します。第一印象で「仮説が外れたな」となると、
面接の質疑応答では仮説が間違っていることへの確認に
注力する傾向があるそうです。

富岡さん：「第一印象を良くするには、どうしたらよい
でしょうか？」

　ここでは、「第一印象で好感を持ってもらう」という
一般的なことを言っているのではなく、候補者が書いた
職務経歴書で売り出そうとしている人物像が、第一印象
で「正しかったな」と思ってもらう、ということです。

寺田さん：「第一印象を改善するためのおすすめの方法は、
模擬面接をビデオに撮影して何度も見返して練習するこ
とです。さっそく、やってみましょう」

富岡さん：「え、いきなりですか？　ビデオ撮影、緊張す
るな…」

　寺田さんが面接官役になり、模擬面接をビデオ撮影し
ました。

　ビデオを二人で見返し、第一印象でどんな人物像に見
えるか話し合い、改善点を決めて、再度ビデオ撮影。こ
れを何度か繰り返し、富岡さんの面接の最初の数秒が、
見違えるように良くなりました。

寺田さん：「かなり良くなりましたね。もちろん、面接
で話す内容や話し方も重要ですが、一次面接を突破する
確率はだいぶ上がったと思いますよ」

富岡さん：「面接で話す内容や話し方も、想定した人物

像を確認する『仮説＆検証』となるわけですね！寺田さんのおかげで、すぐにでも内定を勝ち取れそうです！」

寺田さん：「富岡さん、元気が出てきましたね。ただ最後にもう一つ、重要な項目があります。それは、『採用企業とのフィット感』です」

企業とのフィット感

　採用企業とのフィット感とは、その企業の理念や文化に馴染んで活躍できそうな人物か、ということです。多くの企業で、最終面接でこのフィット感を測定します。

　ただこのフィット感の要素は、応募企業の理念や文化を調べて無理やり合わせにいくというよりは、**フィットしているのにフィットしていないとされることを避けることが重要**です。なぜなら、自分の価値観とフィットした企業に転職するほうが、本人も成長し成功しやすいですし、働いていて楽しいはずだからです。

　無理やりフィットさせて内定を取りにいき、内定が出てから受諾するかどうか検討する、という考え方もあります。しかし、自分を偽って、フィット感を演出しすぎると精神的に持たなくなる人が多いようです。

　面接でフィット感を測定するために、「フィットすると思いますか？」と聞いてもあまり意味はありません。フィット感を測定する質問はいくつかありますが、正解がない意思決定をする場合にどう考えるか、を深く聞くことで測定できます。

営業の場合、契約の最終段階でどう振る舞うか、を聞くことでフィット感がわかります。契約の最終段階に来てお客様が発注を渋っている。さて、どうするか。

　押し込んでクローズさせるのか、あえて引いて様子を見るのか。お客様に寄り添って理由を深掘りするのか、今日契約しないデメリットを話して説得するのか。値引きを提案するのか、価値を売り込むのか。

　他にも、お客様の発注ミスで製品の納品が遅れそうな場合、どう対応するか。上司と意見が対立した場合、達成できそうもない目標が与えられた場合、何を考え、どう行動するのか。

寺田さん：「過去に修羅場に立った経験を深掘りすることで、フィット感を測定できます。富岡さんも、最終面接用に過去の修羅場体験を思い出して、話せるように準備しておくといいですよ」

＊

寺田さん：「その1か月後、富岡さんは希望する企業から見事内定を獲得し、転職されました。給与も上がったそうです。現在もその企業で活躍されていますよ」

森：「『寺田さんの面接突破力の式（ゲート方式）』、かなりパワフルですね。候補者の方はもちろん、採用側も候補者を見極める時の頭の整理に使えます。これから私もこの数式を仕事で使ってもいいですか？」

寺田さん：「もちろんです。というか、私の話を基に森さんが作った数式ですけどね」

仕事仲間の頭の中にある数式を掘り出すステップ

1. **左辺を決める。**
   仕事で成果を出すためのスキル、仕事をした結果を表す指標や状態、など

2. **右辺の項目を出す。**
   左辺を高めるために重要な要素や、左辺を下げる要素を列挙する

3. **右辺の各要素と左辺の関係や要素間の関係を数式で表現する。**
   使うのは基本的に四則演算のみにする

4. **こだわりポイントを決める。**
   右辺の中で特に重要なものや、要素の順番の重要度を確認する

5. **要素を絞り込む。**
   最大でも5個程度

6. **数式化し命名する**

7. **数式に沿って事例を共有してもらう**

自分で「仕事の数式」を創造する技術──「仕事の数式」を作ってみよう！

ここで紹介する数式のワザ
▼
自分の考えを数式にする方法

オリジナル数式が作れるようになったら、最強！

　前項では、仕事仲間の頭の中にある考え方を掘り下げて、数式化するステップと具体例について紹介しました。ここでは、自分で数式を作るポイントを紹介します。

　自分の考えを数式化することで、頭の中にあるものを整理できますし、人にも伝えやすくなります。あなたが仕事をする際に、インパクトを出すために、気をつけていることはありませんか？

　たとえば…

・受注を勝ち取る提案書の書き方、３つのポイント
・資材購入時の交渉で重要な５つの技
・社内で人間関係を円滑にする４つの気をつけること
・英語を効率的に学ぶために強化すべき３項目
・ＡＩで儲けるための５大要素

といった考え方を数式にできれば、仕事がもっと捗ります。仕事仲間もあなたの数式でパワーアップします。他の視点を持った人と議論しやすくなり、あなたの数式がさらにアップグレードされます。

自分の経験や考え方をどんどん数式化して、仕事ができる人になりましょう！

まずは数値系の数式で練習しよう！

これまでに、自分で仕事の数式を作った経験がない場合は、まずは数値系の数式を作って練習することをオススメします。

- **数値系の数式：**左辺も右辺のそれぞれの要素も、数字で表すことができる数式。これまでに紹介した数式では「水産売場の売上の数式」(p28) や ［お金が貯まる人］の数式(p202)など
- **抽象系の数式：**左辺や右辺のそれぞれの要素が、数字で表すことが難しい数式。［プレゼンインパクト］の数式(p54)や、［分析力］の数式(p138)など

数値系の数式は、その数式が正しいか間違っているのか、すぐにわかります。作るのに必要なスキルや手順は抽象系の数式とほとんど同じです。そのため、数式を作る練習としては数値系の数式から始めてコツをつかみ、それから抽象系の数式にも挑戦するのがいいと思います。

それでは実際に、数値系の「仕事の数式」を作ってみます。ここでは、ある企業に入社して3年目になった営業担当の方を取り上げます。仮に、中村さんとしましょう。

中村さん：「これまで努力してきたけど、なかなか成果が出せてないな。今年から後輩がうちの部にも入ってくるし、もっと頑張らないと。でも、どうやって…？」

中村さんは上司と相談し、自分の営業成績を部内の他の営業担当者と比べてみることにしました。

中村さん：「営業売上は部内で最下位、ということは調べなくてもわかるけど…。営業売上の数値を分解して比べてみよう」

中村さんは自分なりに営業売上の数値を分解し、他の営業担当者と比較しました。

［営業売上］＝（商談数）**✕**（商談勝率）**✕**（商談規模）

比べた結果、（商談数）、（商談勝率）、（商談規模）、どれも部内では最低レベルですが、（商談数）が圧倒的に低いことがわかりました。

中村さんの上司：「中村さん、まずは（商談数）を上げましょう。どうやって上げたらいいか、まずは私からの指示ではなく、部内の先輩に相談した上で、自分で考えて行動してみてください」

中村さんは最初に、隣の席の先輩Aに相談しました。

先輩A：「商談数？　そんなの気合で上げるんだよ！　お客様にいっぱいお会いして、いろんな話を聞いて、うちの商品がお客様の役に立てば気に入られて、そんで他のお客様を紹介してもらって、ってな」

中村さん：（先輩Aは部内で売上トップレベルで結果を出してるし、気合で上げる、っていうのも間違ってはいないんだろうけど…。先輩Aと私ではキャラも違うし真似しづらいなぁ）

　中村さんは次に、先輩Aと並んで売上トップレベルを維持している先輩Bに相談しました。

先輩B：「中村さんもようやく、仕事をする上での具体的な悩みが出てきたのね。今まではビジネスマナーや商品をおぼえたりで忙しかったのに、すごい進歩だと思うよ。まずは商談数を増やす、質より量、というのは私も新人のころに気をつけていたわ。商談数を増やすには、インバウンドの商談だけに頼っていてはダメ。アウトバウンドの商談数を増やすのが重要よ」

　この会社では、顧客からの問い合わせがきっかけで始まった商談をインバウンドの商談、営業担当者から見込み顧客にアプローチして始まった商談をアウトバウンドの商談、としています。

中村さん：「先輩のアドバイスを数式にします」

先輩B：「数式？」

　中村さんはホワイトボードに、以下の数式を書きました。

> **[商談数]＝**
> （インバウンドの商談数）**＋**（アウトバウンドの商談数）

先輩B：「この数式だとまだ分解が足りないんじゃないかな。アウトバウンドの商談数をどう増やすか、具体的なアクションには結び付けられないよね」

　アウトバウンドの商談数を増やすためには、いくつか必要なアクションがあります。見込み顧客のリストを拡充すること、面談を申し込んで了解をもらうこと、面談して実際に商談化すること、などです。

　中村さんは、さらに数式を展開しました。

> **[商談数]＝**
> （インバウンドの商談数）
> **＋**（アウトバウンドの見込み顧客数）
> **✕**（最初の面談ができる率）**✕**（うち商談に進める率）

先輩B：「中村さんはアウトバウンドの商談数を増やすために、何をするのが優先順位が高いと思う？　この数式のどの要素を向上させる必要があるのかな？」
中村さん：「私の場合、アウトバウンドの商談を増やすためには、まず（見込み顧客数）を増やす、つまり面談を申し込むお客様のリストを広げて充実させる必要があると思います。商談数を分解することで、やることが見

えてきました！」

➡ カギを握るのが「分解」のステップ。何事も分けて観察・
シミュレーションする癖をつけよう。

先輩Ｂ：「先週、うちのマーケティンググループから見
込み顧客リストが来たでしょ。あれどうしたの？」
中村さん：「あ、あれですか。インバウンド顧客の対応
が忙しくて、メールをちゃんと読んでませんでした。営
業の役に立ちますか？」
先輩Ｂ：「あ、今、『インバウンド顧客の対応が忙しくて』
って言ったでしょ。それも問題なの」

　もちろん、インバウンド、つまり会社に問い合わせて
くるお客様は、会社の商品に興味を持って連絡をくれる
わけだから、商談に繋がる可能性が高いです。さらに、
丁寧に対応することで評判が上がって、別のお客様を紹
介されることもあります。
　ただし、興味本位での問い合わせや相見積の当て馬な
ど、商談に繋がらない問い合わせも少なくありません。
そのため、すべてのインバウンド案件に丁寧に時間をか
けて対応していると、アウトバウンド営業をする時間が
なくなってしまいます。
　中村さんが勤める会社では、インバウンドは部内でバ
ランスを考慮しながら配分されるため、インバウンドだ

けでは営業成績に差が付きにくい状況でした。しかし、アウトバウンドは自分の意志やマーケティング戦術、会社の営業戦略を反映して自ら獲りに行くものです。そのため、アウトバウンドを増やすことでスキルも向上し、商談数も上がっていきます。

先輩B：「考え方としては、まずはアウトバウンドの時間を確保して、それからインバウンドに対応する、としたほうが、私の場合は自分の時間を有効に使えてたよ」
中村さん：「じゃあ、右辺の要素の順番を変えたほうがいいですね」

[商談数]＝
（アウトバウンドの見込み顧客数）
✖（最初の面談ができる率）✖（うち商談に進める率）
✚（インバウンドの商談数）

➡次に、「順番を変えるとどうなるか？」の視点で、最適化にトライしよう。

　中村さんはそれからしばらくの間、（アウトバウンドの商談数）を上げるために努力しました。その結果、合計の（商談数）も増え、営業成績が上向いてきました。

しかしながら、しばらくすると営業成績が伸び悩み始めました。自分で数式を使って分析したところ、（商談勝率）が他の営業担当者に比べて低いままだということがわかりました。

中村さんはまた、隣の席の先輩Aに相談しました。

先輩A：「商談の勝率を上げるためには、やっぱ気合で押し込むのが肝心だ。迷ってるお客様に対して、がーんと突っ込んで決めてもらうんだよ！」

中村さん：（先輩A、気合が好きだなぁ）

中村さんは先輩Bに相談に行きました。

先輩B：「商談をどのタイミングで落としているか、わかれば対処がしやすいんだけど…」

中村さんは、先輩Bが商談を勝ち取るために気をつけていることを、商談の流れに沿って教えてもらいました。

まずは、商談の最初の第一印象で、好かれるところまで行かないとしても、少なくとも嫌われないこと。第一印象で嫌われてしまえば、その後の商談は惨憺たるものになってしまいます。

次に、お客様のニーズをちゃんと理解すること。その上で最適な提案をすること。そして、競合の提案よりも優れた提案をすること。

先輩B：「あと、A先輩じゃないけど、商談を決める最後の気合のひと押し、というのも実は重要よ」

中村さんはミーティングルームに備え付けられていたホワイトボードに、以下の数式を書きました。

[商談勝率]＝
（第一印象で嫌われない）✕（お客様のニーズ理解）
✕（ニーズに対する最適な提案）
✕（競合提案に対する差別化）✕（最後のひと押し）

先輩B：「この数式の右辺の要素を厳密に数値化するのは難しいけど、だいたいでいいから数値化すると次の対策が打ちやすくなるね。中村さんの感覚でいいから、これまでの商談を振り返ってみて『このお客様のニーズは把握できなかったな』とか、『このお客様は商談に勝ったと思ったのに最後でうまくいかなかったな』とか、どの要素が低そうか当たりをつけてみて」

➡ 数式の要素を感覚的にでもいいので数値化し、無理やりでも定量的に把握しよう

中村さんが過去の商談記録を見返して数値化したところ、どうやら（お客様のニーズ理解）がちゃんとできていない商談が多そうでした。

中村さん：「私の数少ない勝てた商談では、お客様が商談までに自分の会社のニーズを整理して、商談で私に話してくださる場合がほとんどでした。この場合はスムー

ズに提案できました。でも多くの場合、お客様のニーズ、がよくわからなくて…」

お客様のニーズを把握する、というのは営業の基本ですが、実際にやろうとすると難しいです。

中村さん：「『ニーズを教えてください』と聞いても、いろいろ語ってはくださるのですが、ニーズが何かわからなくて…。結局のところ『高機能で品質が良い商品を、安く、リードタイム短く購入したい』という内容のことを言われてしまいます」

先輩B：「『高機能で品質が良い商品を、安く、リードタイム短く購入したい』っていうのはニーズとはちょっと違うかな。でも、お客様がいろいろ語ってくれる、というのは中村さんの商談スキルが上がってるサインだよ。『ニーズをあぶり出す質問』をうまく使えば、お客様のほうでニーズを明確にしてくれるようになるよ」

中村さん：「『ニーズをあぶり出す質問』ですか？ そういえば、マーケティンググループからのメールに、そんなような資料がありました。でもあの質問、商談中にどう使っていいかわからなくて、使ってませんでした」

> 「現在お使いのサービスで、追加料金を支払っても改善したいな、と思われている部分はありますか？ それはどうしてですか？」
>
> 「御社のお客様からは、どんな期待やフィードバックを得られていますか？ その中で優先順位を付けるとしたらどれですか？ なぜですか？」

「このサービスに、3年後に求められることは何だと思われますか？　何が変化の要因になる可能性がありますか？」

先輩B：「確かに、あのリストだけだとどう使っていいかわかりづらいよね。ここでちょっとロープレしてみようか」

　中村さんはそれから30分、先輩Bにお客様役をやってもらい、「ニーズをあぶり出す質問」のロールプレイングをしました。その次の商談から、中村さんがお客様のニーズを理解できる商談数が増え、商談勝率が上がっていきました。

　（商談数）も増え、（商談勝率）も上がり、中村さんの営業成績は部の平均を大きく超えるようになりました。でもまだ、部のトップ営業である先輩Aや先輩Bには届きそうもありません。

[営業売上]＝（商談数）✕（商談勝率）✕（商談規模）

中村さん：「（商談数）と（商談勝率）は部内でもトップクラスになってきたぞ。でも（商談規模）、1件の商談の金額がトップ営業の先輩たちにぜんぜん及ばないんだよなぁ。商談規模ってこっちが決めることじゃなくてお客様の状況によって変わるものだし、どうやって上げたらいいんだろうか？」

240

隣の席の先輩Ａ：「商談規模？　そりゃ気合で…」
中村さん：（先輩Ｂに相談しよっと）

先輩Ｂ：「とうとう中村さんも、そんな悩みを持つレベルになったのかぁ。最初の頃は、『商談数が上がらないよー。えーん』って泣いてたのにね」
中村さん：「いや、泣いてはいませんが…。でも、本当に感謝してます。先輩のアドバイスから作った数式がなければ、私は営業を続けていられなかったと思います。で、（商談規模）ってどうやって上げたらいいのでしょうか？」
先輩Ｂ：「これまで中村さんは、
　［営業売上］＝（商談数）×（商談勝率）×（商談規模）
という数式を使って営業成績を伸ばしてきたわけだけど。今の中村さんのレベルになると、営業売上を違う切り口で見る必要があると思うの」

　先輩Ｂの提案は、すべてのお客様や商談を同じように把握するのではなく、ターゲット顧客とそうでないお客様を分けて考える、というものでした。
中村さん：「『違う切り口』っていうことは、数式を変えるってことですかね」
　中村さんは以下の数式をホワイトボードに書きました。

第4章　頭の中のフワフワした考えも、「数式化」すればスッキリ！

241

> [営業売上] ＝
> （ターゲット顧客からの売上）
> ＋（ターゲット顧客以外からの売上）

先輩B：「先週、マーケティンググループとのミーティングで、今期のターゲット顧客の解説があったの、おぼえてる？」

　中村さんの会社では、期ごとにターゲット顧客を決め、ターゲット顧客向けの商品や営業施策を作っていました。今期のターゲット顧客は、複数の商品を売りやすく、商談規模が大きくなりやすい顧客タイプが選ばれていました。

先輩B：「だから、今の中村さんの状況にぴったりだと思うよ。ターゲット顧客にどんどん商談に行って、一度に複数の商品を買っていただくクロスセルの技術を磨けば、商談規模を上げやすくなると思う」

➡ **使うべき仕事の数式は状況によって変わる。行き詰まったら別の見方をして、数式を変化せてみよう**

　中村さんはその後も、自分なりに仕事の数式を作りながら、成果を上げていくのでした。

なんでも数式に置き換えてみよう！プライベートや趣味の分野でも、数式が世界を拡げてくれる？

　次は、抽象系の数式を作ってみましょう。

　抽象系の数式に正しい、間違っている、というのはないので、好きな要素を入れ込むことができます。

　仕事以外にも、プライベートや趣味の分野も数式にできます。例として、最近海外でも人気な日本酒、SAKE、を取り上げます。［SAKEのおいしさ］を数式にしてみましょう。数式にすることで、以下の効果が得られます。

1　要素ごとに現状確認と改善が行える。つまり、よりおいしいSAKEを飲めるようになる

2　周囲の人に自分の考えを伝えやすくなり、情報共有や共同作業が容易になる。つまり、SAKEを仲間と語り合い、よりおいしいSAKEを飲めるようになる

3　「結果（おいしさ）を出すために最も重要な要素」に絞って議論を進められる。つまり、よりおいしいSAKEを飲めるようになる

4　結果（おいしさ）を出すための考えるステップや優先順位を把握した上で、よりおいしいSAKEを飲めるようになる

5　数式で示すことで、周囲の人に「なんかすごい！」と思わせられる。「変な人！」と思われるかもしれないけど、よりおいしいSAKEを飲めるようになる

第4章　頭の中のフワフワした考えも、「数式化」すればスッキリ！

243

抽象系の数式を作るには、左辺をまず決めた後、右辺の要素の候補をたくさん出すことが重要です。

　［SAKEのおいしさ］を左辺に置いたとして、右辺にどんな要素があるべきでしょうか。

　SAKEのおいしさを論理的に「分解」しようとしても、なかなかうまくいきません。思いつく右辺の要素の候補をどんどん出していきましょう。

　まず、「おいしさ」と言っているので、味、は重要な要素でしょう。それ以外にも、香り、喉越し、見た目、など、物理的な特性が要素の候補として考えられます。

　酒器、もおいしさに影響を与える要素として重要かもしれません。酒器の材質（陶器、ガラス、漆器、など）、形状やサイズ感（おちょこ、ぐい呑み、最近ではワイングラスで飲む人も）、色、デザイン、など、おいしさに影響を与えそうな要素の候補はたくさんあります。

　肴として何を一緒に食べるか、もSAKEのおいしさに大きく影響を与えそうです。刺し身、冷奴、鍋料理、などに舌鼓を打ちながらSAKEを楽しむ方もいるでしょう。塩を肴にするというツワモノや、あぶったイカでいい、というノスタルジックな方もいるでしょう。

　飲む場所の雰囲気、誰と一緒に飲むか、も重要です。おしゃれなバーで好きな人と飲むSAKEが好きな方もいるでしょうし、気取らない雰囲気の居酒屋で仲間とワイワイ飲むSAKEが好きな方もいるでしょう。

　さらに、飲むSAKEのストーリーが重要という方もい

るでしょう。造り手のこだわりや苦労話を知ってから飲むSAKEは、これまでとは違ったおいしさになるかもしれません。自分が実際に行って見学したことがある酒蔵で作られたSAKEは、見学時の感動を思い起こさせてくれるかもしれません。自分の出身地の酒造所で作られたSAKEが好きな人もいるでしょう。

このように、まずは要素の候補をいろいろ出すことで、考えが深まっていきます。

➡ 左辺を決めたら、左辺に影響を与える可能性がある要素の候補を、どんどん出そう。あまり深く考えずに、あれも、これも、と出すことで、だんだん考えが深まっていく

［SAKEのおいしさ］という左辺に影響を与える右辺の要素の候補がいろいろ出てきました。味、香り、喉越し、見た目、酒器、肴、飲む場所の雰囲気と誰と一緒に飲むか、SAKEのストーリー。で、結局、どれが重要そうでしょうか? 自分にとって重要なものを選び、並べましょう。

私の場合、肴、SAKEのストーリー、酒器、SAKEの物理特性（味、香り、など）が重要だと考えています。少なくともこの文章を書いている時点では。

ここで作りたいのは、「SAKEのおいしさを表す世界共通で完璧に正しい公式」ではなく、「自分にとってのSAKEのおいしさを表す近似数式」です。そのため、自分にとって優先度が低い要素は、いったん忘れて右辺に

入れないようにしましょう。

> [私にとってのSAKEのおいしさ] ＝
> (肴のおいしさ) ＋ (SAKEのストーリーのエモさ)
> ＋ (酒器の気に入り度)
> ＋ (SAKEの物理特性としてのうまさ)

➡ 要素の候補から、自分にとって重要なものを選んで数式化しよう。目安としては５個以内。多すぎると何が重要なのかわかりづらく、数式のメリットが活かせない

　[SAKEのおいしさ]の数式は、人によって異なります。そこが楽しいところで、自分の数式を見せ合って、自分はなぜその数式なのかを語ったり、人との違いを議論してみましょう。そうすることで、共通点や違いがより際立って見えてきます。

　数式を使って語り合うことで、相手の意外な一面が見えてくるかもしれません。

➡ 数式を見せ合って、語り合おう。仕事の数式の場合も趣味の数式の場合も、自分の考えや相手の考えへの理解がさらに深まります

▶▶ 自分の考えを数式にするステップ

1. まずは、「数値系」の数式でいろいろ試してみる

❶ 「分解」する。何事も分けて
観察・シミュレーションするクセをつける

❷ 「順番を変えるとどうなるか?」の視点で、
最適化にトライする

❸ 数式の要素を感覚的にでも数値化し、
無理やりでも定量的に把握する

❹ 行き詰まったら別の見方をして、数式を変化させる
(仕事の数式は状況によって変わる)

2. 次は、「抽象系」の数式を作ってみる

❶ 左辺を決めたら、左辺に影響を与える可能性がある要素の候補を出す。
あまり深く考えずにどんどん出すのがポイント

❷ 要素の候補から、自分にとって重要なものを選んで数式化する。目安は5個以内。
多すぎると何が重要なのかわかりづらいため。

正解はないので、
好きな要素を入れ込んでみよう!

第 5 章

ご機嫌になる
極意

おわりに

V

心を守って楽しく仕事するために──[嫌なことを割り引く]数式

> 最後に紹介する数式の左辺
>
> ## 嫌なことが自分に与える影響の大きさ
>
> 「自分の機嫌は自分で取る。人に取ってもらおうとしない」でもそれって、どうやるの？

　この本の最後に、自分の心を守って少しでも楽しく仕事をするための数式を紹介します。

　仕事をしていると、楽しいことばかりではありません。むしろ嫌なことのほうが多い時もあります。

　上司に注意された、お客様から嫌なことを言われた、今月の目標が達成できない、商談で競合に負けた、プレゼンで思うように話せなかった…。

　もちろん、次により良いインパクトを出すために、客観的に分析して反省し、改善することは必要不可欠です。でも、すべての嫌なことをいつも真正面から捉えていたら、気が滅入ってしまいます。そうすると、負のオーラを纏うようになり、失敗グセが付くようになってしまう

かもしれません。

　誰しも、不機嫌でイヤイヤ仕事をやっている人より、ご機嫌で楽しそうに仕事をしている人と一緒に働きたいもの。不機嫌な人は、他の人のサポートを受けられず、さらに失敗して不機嫌になっていきます。ご機嫌な人は、他の人の助けを借りて更に成功し、どんどんご機嫌になっていきます。

　仕事で成功する上で、自分をご機嫌状態に保つことは、ビジネスパーソンに必須のスキルです。

　どうやったら、自分をご機嫌に保てるのでしょうか？

　以前のプロジェクトでクライアントチームのメンバーだった、口は悪いけどいつもご機嫌な西村さんの方法を紹介します。

上司を相対化して影響を調整する

　西村さんとは、以前のプロジェクトで同じチームメンバーとなり、時々一緒に飲みに行くほど親しくさせてもらっていました。私が別件のミーティングでクライアント企業のオフィスを訪ね、ミーティングが終わって帰る時、廊下でばったり西村さんに会いました。

西村さん：「あ、森さん！　ちょうどよかった。上司の沼田さん、ひどいんだよ。俺の失敗じゃないのにさぁ！」

森：「あの、ここでそんな大声で話すとみんなに聞こえてしまうので、外のカフェで話しましょうか…」

私は、クライアントオフィスの近くにあるカフェで、西村さんの話、というかグチを聞くことになりました。

西村さん：「…っていうわけで、上司の指示が的はずれなんだよ」

森：「そうですか。それは大変でしたね」

　西村さんは、ひとしきりグチを言った後、最後にこんなことを言いました。

西村さん：「ま、しょせん1,000分の1だからな。気にしなーい」

森：「気にしなーい、わりには、10分もグチってましたが。それより、1,000分の1って何ですか？」

西村さん：「うちの会社、管理職がだいたい1,000人いるんだよ。上司の沼田もその1人だから、1,000分の1、ってわけ。自分の上司は1人しかいないから1分の1として捉えると、逃げ場がない感じがして気が滅入る。でも、将来の人事異動とかで他の上司につくかもしれない。1,000人いる管理職のうちの1人に嫌なことを言われたぐらいで、そんなに影響されなくてもいいじゃん、って自分に言い聞かせているの」

森：「なるほど。そうやって嫌な上司を相対化して、自分に与える影響を調整しているんですね」

　この西村さんの「嫌なことから受ける影響を軽減させる極意」は、その当時に少し嫌なことが続いて不機嫌になることが多かった私にとって、大きな学びでした。

相対化の極意を、さらに一般化する

西村さんと別れカフェを出た私は、自分のオフィスまで歩いて帰ることにしました。オフィスまでは徒歩30分とちょっと遠いですが、西村さんの考え方を数式化するために、歩きながら考えたかったからです。

西村さんの言っていたことをそのまま数式にすると、以下のようになります。

[嫌な上司から西村さんが受ける影響]＝

（嫌な上司の人数（つまり1人））

÷（西村さんの会社の管理職全員の人数（1,000人））

数式化のメリットの1つは、一般化できることです。抽象度を高めて、他の事象にも使いやすくすることができます。

私は歩きながら考えるうちに、以下の式に行き着きました。

[嫌なことが自分に与える影響の大きさ]＝

（嫌なこと）÷（影響が起きる世界の大きさ）

西村さんの場合、嫌なことを言う上司が1人いた。でもその上司は、管理職1,000人という世界の中の1人にすぎない。

私はこの半年、仕事上でトラブルや嫌なことが続いて

いました。半年間ずっと最悪な状態が続いていたとしても、職業人生50年間だと考えると、0.5年 ÷ 50年 ＝ 1％、たった1％にすぎない。

　あるお客様から嫌な態度を取られた。日本人全員がお客様の可能性があるなら、1人÷1.2億人。影響はほぼゼロ、と考えられます。世界全員がお客様の可能性があるなら、影響はさらに小さい。

　嫌なことがあっても、こうやって大きな数字で割ることで、相対的に影響が小さく見えてきます。
　私がこの［嫌なことを割り引く］数式を使うようになってから、嫌なことがあっても自分をご機嫌に保ちやすくなりました。「なんでそんなちっぽけなことで悩んでいたんだろう」と、悩んでいたことがアホらしくなってしまうのです。そうすることで、心が落ち着き、前向きに仕事に取り組めるようになったのでした。

嫌なことを割り引く数式の解説

[嫌なことが自分に与える影響の大きさ] ＝

（嫌なことの影響）÷（影響が起きる世界の大きさ）

- **嫌なことが自分に与える影響**：自分の心を平静に保ち、ご機嫌な状態で仕事に臨むため、嫌なことがあっても自分に与える影響を小さくしたい。ご機嫌な状態で仕事をすればパフォーマンスが上がるし、他の人もあなたを手伝いたくなる

- **嫌なことの影響**：仕事をしていれば、少なからず嫌なことは起きる。大切なのは、その嫌なことを、毎回真正面から受け止めすぎないこと

- **影響が起きる世界の大きさ**：世界は広い。目の前の上司は1人しかいないが、管理職は、所属社員は、人間は、いっぱいいる。そのうちの1人だ、と相対化して捉えよう

嫌なことが自分に与える影響を小さくするには？

- とにかく、「世界」を大きく捉える。嫌なことの発生源が人なら全世界人口、ある一定の期間なら人生の全時間（もしくは地球や銀河の全時間）、など。できるだけ大きな数字を見つけてきて、それで割ってしまう。そうすると、相対的に嫌なことの影響が小さくなる

数式とは、イシューを分解して整理する、

仕事の成果に挑戦し続ける者のための

ツールである

著者紹介

ジャスティン森 東京大学で原子力工学の研究に没頭し、博士号を取得。研究者として歩むつもりが、外資系経営コンサルティング会社に飛び込む。10年間に亘り、グローバルビジネスの最前線でキャリアを重ね、幅広い領域でクライアントを支援。その後、日系ものづくり企業へ。
現在は、ライフサイエンス事業会社でR＆Dと経営企画のトップを兼任。グローバル市場での成長戦略を立案し実行している。
本書は、「私は仕事や人間関係を考える時、重要な構成要素を『数式』にしています」というひと言から生まれた1冊。物事をシンプルに整理でき、最重要要素や問題点を浮かび上がらせる数式が、今日からあなたの仕事を一変させることだろう。

仕事は「数式」で考える

2024年12月5日　第1刷

著　　　者	ジャスティン森
発　行　者	小　澤　源　太　郎
責　任　編　集	株式会社　プライム涌光
	電話　編集部　03(3203)2850
発　行　所	株式会社　青春出版社

東京都新宿区若松町12番1号 〒162-0056
振替番号　00190-7-98602
電話　営業部　03(3207)1916

印刷・三松堂　製本・大口製本

万一、落丁、乱丁がありました節は、お取りかえします。
ISBN978-4-413-23383-5 C0030
© Justin Mori 2024 Printed in Japan

本書の内容の一部あるいは全部を無断で複写(コピー)することは著作権法上認められている場合を除き、禁じられています。

中学受験は親が9割【令和最新版】
西村則康

仕事がうまくいく人は「人と会う前」に何を考えているのか
結果につながる心理スキル
濱田恭子

真面目なままで少しだけゆるく生きてみることにした
Ryota

お母さんには言えない子どもの「本当は欲しい」がわかる本
山下エミリ

図説 ここが知りたかった！
山の神々と修験道
鎌田東二【監修】

青春出版社の四六判シリーズ

実家の片づけ 親とモメない「話し方」
渡部亜矢

〈中学受験〉親子で勝ちとる最高の合格
中曽根陽子

トヨタで学んだハイブリッド仕事術
スマートインプット ベストアウトプット
ムダの徹底排除×成果の最大化を同時に実現する33のテクニック
森 琢也

売れる「値上げ」
選ばれる商品は値上げと同時に何をしているのか
深井賢一

PANS/PANDASの正体
こだわりが強すぎる子どもたち
本間良子 本間龍介

お願い ページわりの関係からここでは一部の既刊本しか掲載してありません。折り込みの出版案内もご参考にご覧ください。